英語とは何か

南條竹則
Nanjo Takenori

インターナショナル新書 026

目次

プロローグ

英語圏の人が英語を使うのはあたりまえですが、この今の世の中では、日本人でも、それこそ朝から晩まで英語を使っている人もあるでしょうし、さほどではなくとも、この言葉にまったく無縁で無関心という人は少ないでしょう。

わたしはおよそハイカラとは程遠い人間で、ふだん卓袱台《ちゃぶだい》で番茶をすする式の生活をしておりますが、イギリスの文学に関心が深いので、どちらかといえば英語によく接するほうだと思います。

中学校に上がって、この言葉を習いはじめて以来、今に至るまで半世紀近くの間に、英語と英語の勉強の仕方について、さまざまなことを感じさせられました。この本はそうしたことを、ちょっとまとめてみたのであります。

英語の好きな方も、苦手な方も、勉強したい方も、したくない方も、肩の凝らないお話として読んでいただければ幸いです。

第一章　英語という世界語

「リンガ・フランカ」

みなさんは「Lingua Franca」という言葉をご存じでしょうか。

日本語では「リンガ・フランカ」とか「リングワ・フランカ」とか表記されますが、この本では簡単な「リンガ・フランカ」という表記を使うことにいたしましょう。

これはもともと、中世に東地中海のレヴァント地方で用いられた一種の言葉をさす呼び名でした。

レヴァント地方といいますと、現在のトルコ、シリア、レバノン、イスラエル、エジプトにまたがる地域です。このあたりの人々は、トルコ語やアラビア語をしゃべっていましたが、そこに西方からたくさんの貿易船がやってきました。

そうした船の船乗りたちは、主にリヴィエラ地方、すなわち南フランスから北イタリアにかけての一帯の出身でした。この船乗りたちとレヴァント地方の人たちとは、もとより言葉が通じません。

しかし、商売をするのですから、何とか意思を疎通させなければならないわけです。そこで、一種の商売用語が生まれました。それは船乗りたちの話すリヴィエラ地方の言葉がもとになっているけれども、それそのものではありません。外国人でも使えるように簡単にして、必要に応じて、いろいろな国の単語とか言いまわしとかを加えたものでした。この言葉が「リンガ・フランカ（イタリア語で「フランク人の言葉」の意）」と呼ばれたのです。

転じてこの名称は、世界のどの地域ということに関わりなく、言葉の通じない人々同士が通商などのために用いる「共通語」「公用語」の意味で使われるようになりました。

現代のリンガ・フランカ＝英語

人類の歴史を通じて、「リンガ・フランカ」と呼ぶべきものはいろいろあります。たとえば、イスラム世界におけるアラビア語がそうであります。

東アジアにおける漢文もそうであります。今、「漢文」といって「中国語」といわないのは、意味がわかって書けさえすれば、べつに発音できなくてもさしつかえのない文章語だったからです。

また、近代に入って、主にアジアやアフリカの諸地域で生まれたピジン言語もそうであります。

けれども、世界が緊密に結ばれた現代、かつてない広い地域で使われる共通語が生まれました。それが英語です。

英語が世界中で使われるようになった背景には、もちろん「日の沈まぬ帝国」といわれた大英帝国の国力があります。なにしろ、近代に繁栄をきわめたこの島国は、北米をはじめとして、オーストラリア、ニュージーランド、インドを植民地にし、さらにアジア・アフリカ各地にも植民地を持っていたのですから。

そして二〇世紀に入り、第二次世界大戦が終わると、世界の覇権《はけん》は同じ英語国であるアメリカの手に移ります。長い間外交の場で用いられたフランス語はその地位を奪われ、共産圏の「リンガ・フランカ」だったロシア語も、冷戦の終結のあとはその力を失いました。

さらに近年ではいわゆるグローバリゼーションやインターネットの普及、文化の画一化によって、弱小な言語はどんどん衰退・消滅する一方、英語を使う人口はますます増えて、英語は過去に類を見ない有力なリンガ・フランカとなったのです。

「太陽王」とフランス語

人間というのは不思議なもので、一〇〇年も続いたことは、この世の始まりからそうだったように思い込んでしまう習性があります。

きっと今から一〇〇年もしたら、わたしたちの子孫は、人類が有史以来、英語を共通語にしていたように思い込むかもしれません。歴史の勉強にはそういう錯覚を正してくれる効用がありますから、今しばらく歴史をさかのぼってみましょう。といっても、全世界の話をするのは大変ですから、アジアやアフリカはべつとして、欧米での世界語は何だったのかを振り返ってみましょう。

先ほどもちょっと申しましたが、欧米人にとって、英語以前の世界語というべきものは、フランス語でした。

フランスはもともとヨーロッパの強国の一つであります。とりわけ、一七世紀後半から一八世紀にかけては、「太陽王」といわれたルイ一四世（在位一六四三―一七一五年）の治世に、軍事、経済、文化など各方面で繁栄をきわめ、ヨーロッパをリードする存在となりました。そのために、フランス語はこの時代以降、第一次世界大戦後にいたるまで外交用語として使われ、また諸外国の上流階級の間に教養語として広まったのであります。中でも、ロシア宮廷がフランス語を公用語にしたのは、一番際立った例ですが、フランス語が重んじられたことはイギリスでも同様でした。

年輩のみなさんは、たぶんシャーロット・ブロンテ（一八一六―五五年）の『ジェーン・エア』という小説をご存じかと思います。

これは若い自立した女性の社会での奮闘と恋を描いた英文学の古典として、かつてはよく読まれましたし、四回も映画化されています。

この小説の主人公ジェーン・エアは両親を失った女の子で、ローウッド学院という寄宿学校に学んだのち、ソーンフィールド邸というお屋敷に家庭教師として雇われます。そこで主人のロチェスターと恋に落ちるのですが、ロチェスターには秘密があり、家はちょっとお化け屋敷のような雰囲気があって、物語はいろいろな曲折《きょくせつ》をたどります。

話の筋は、今は関係のないことですから立ち入りませんが、問題は主人公ジェーンの就いた職業です。「家庭教師」と申しましたけれども、もとの英語は「governess」です。「-ess」という女性語尾がついていますから、女性の家庭教師を意味します。

この時代——一九世紀——のイギリスでは、女性が選べる職業は限られておりました。一九世紀も末になってタイピストという職業が現われるまで、いわゆる「堅気《かたぎ》」のお嬢さんができる仕事といえば、特殊な才能を必要とする作家をべつとすると、この「家庭教師governess」くらいのものでした。これはふつう住み込みで、良家の子供たちに勉強を教えます。先生とはいっても、事実上召使いの一人にすぎません。

子供相手に綴り方だの、社会だの、算数だの、一通りの科目を教えましたが、その一つとして欠くことのできないのがフランス語でした。

家庭教師をする女性はたいてい、中流階級とはいっても貧しい家のお嬢さんでしたから、フランスに行って勉強した人などは少なかったでしょう。彼女たちのフランス語が実際の役に立ったかどうかは怪しいものです。けれども、ともかく中流階級以上のイギリス人は、子供の頃からフランス語を必ず習ったのです。

ローマ帝国の言語、ラテン語

では、フランス語以前のリンガ・フランカは何か？　それはラテン語であります。

ラテン語というと、「中南米の言葉ですか?」とおっしゃる方が時々います。ラテン音楽からの連想なのでしょうが、そうではありません。ラテン語は古代ローマ人の言葉、ローマ帝国の言葉で、ジュリアス・シーザー(というのは英語読みで、ラテン語ではユリウス・カエサル)や、ネロ皇帝や、キケロがしゃべっていた言葉です。

フランス語は一〇〇〇年の黄金時代によって共通語の地位を得ましたが、ローマ帝国の歴史は一〇〇〇年を超えていますから、こちらのほうが断然すごい。

世界史を習った方は、どうぞ思い出してください。

イタリア半島の都市国家だったローマは、しだいに勢力を伸ばしてイタリア半島を統一し、地中海の覇権を争ってライバルのカルタゴを滅ぼします。それからますます強大になって、ご存じのように、ヨーロッパ、西アジア、北アフリカにわたる広大な版図を領する帝国を築き上げました。

王政から共和政、そして内乱を経て、初代皇帝アウグストゥスが即位したのが紀元前二七年。それからいわゆる「五賢帝」の時代の終わりまでがざっと二〇〇年ほど——これがこの帝国の最盛期といえましょう。その後だんだん左前《ひだりまえ》になるけれども、なにしろ屋台骨がしっかりしているので、そう簡単には滅びません。

内紛によって西ローマと東ローマに分かれたのが、三九五年。西ローマは四七六年に滅亡しますが、東ローマ帝国はビザンツ帝国として、一四五三年にオスマン帝国に滅ぼされるまで続きます。仮にアウグストゥス即位から西ローマ滅亡までを数えると、約五〇〇年、東ローマの滅亡まで勘定に入れれば、その歴史は一五〇〇年弱ということになります。

ラテン語はこの偉大な国の言葉でした。ですから、ローマ帝国時代にリンガ・フランカだったのはもちろんですが、その後も中世から近代初期までヨーロッパの知識人の共通語として使われました。

フランスの作家ジュール・ヴェルヌ（一八二八－一九〇五年）の『海底二万里』に、こんなエピソードが出てきます。

この小説の語り手はアロナックス教授という海洋生物学者です。彼は海の怪物の正体を突きとめるために太平洋へ向かって、潜水艦ノーチラス号のネモ船長と出会うのですが、最初に会ったとき、ネモ船長にフランス語で話しかけてみたけれども、通じません。そこで、今度は英語、ドイツ語を試してみましたが、やっぱりだめです。

いよいよ困却して、わたしは、初歩を学んだだけの語彙《ごい》をかき集めてラテン語で話してみた。キケロがこれを聞いたら、耳をおおって、わたしを台所へ追いやったことだろう。だが、そんな目に会わずにすんだ。結果はやはり効果がなかったのである。

（ジュール・ヴェルヌ『海底二万里』荒川浩充訳　創元SF文庫）

ネモ船長は（このネモというのもラテン語で「誰でもない」という意味です）じつは、どの言葉も上手に話せたのですが、相手の様子を観察するため、わからないふりをしていたのでした。

この場面でアロナックス教授が、苦しまぎれとはいえ、ラテン語で話しかけてみたところがミソです。この小説の舞台は一九世紀後半で、この頃には、ラテン語を話し言葉に使う習慣はすっかりすたれていました。しかし、それでもまだこんな話が成り立ったということに、偉大なリンガ・フランカの生命力の強さが認められるでしょう。

ローマ世界の教養語、ギリシア語

後世になると知識人の言葉となったラテン語ですが、面白いことに、ローマ時代の人々にとって、教養人の言葉はギリシア語でした。イギリス人が子供たちにフランス語を習わせたように、ローマ人はギリシア人の家庭教師を雇って、子供にギリシア語を学ばせ、学問を修めるためにアテネへ遊学させたりしました。

「征服されたギリシアが猛《たけ》き勝利者を征服した Graecia capta ferum victorem cepit」という有名な言葉があります。

これはローマの詩人ホラティウス（紀元前六五－紀元前八年）が『書簡詩』の中でいった言葉で、ギリシアは政治的にはローマの支配下に置かれたけれども、ローマ人がギリシア文化を尊敬し、学んだことをいっているのです。実際、このホラティウスは、ギリシアの詩の韻律を使いこなして立派なラテン語の詩を書きました。そのことを自慢して、「私は青銅の記念碑よりも後に残る記念碑を打ち立てた」といったほどです。

ローマ人のギリシア語への尊敬のほどは、かれらの手紙を見るとよくわかります。

弁論家として名高いキケロ（紀元前一〇六－紀元前四三年）は友人宛ての手紙をたくさん残

していますが、ことにアッティクスという友人に宛てた手紙は、古来書簡文学として優れたものといわれています。それを原文でごらんになると、ラテン語の文章の中に時々ギリシア語がまじっているのが見つかるでしょう。どんなふうにまじっているかというと、何かをちょっと気取っていいたいとき、洒落《しゃれ》たふうにいいたいときに、ギリシア語を使うのです。

ちょうど一九世紀のイギリス人が文章を書く場合に、時々気取ってフランス語をさしはさんだのとそっくりで、人間のすることはいつの世も同じだなあと感じさせます。

アレクサンダー大王と『新約聖書』のギリシア語

そのギリシア語がリンガ・フランカだった一時期もありました。それは彼《か》のアレクサンダー大王、すなわちアレクサンドロス三世の時代です。

アレクサンドロスは古代マケドニアの王様であります。マケドニアはギリシア人がつくった国でありますから、人々は当然ギリシア語を話し、ギリシアと共通の文化を持っていました。けれども、政治的には一線を画していました。

この国はアレクサンドロスの父ピリッポス二世の時代に全ギリシアの覇権を握りました。さらにアレクサンドロスの代になりますと、小アジア——今のトルコあたり——やエジプトを征服し、大帝国ペルシアを討ち平らげ、中央アジアから、ついには遠くインドまで攻め入ります。

アレクサンドロスは「征服する世界がもうない」といって泣いたという話が伝わっていますけれども、こうして支配下に収めた国々がすべて一つの王国となったわけで、その版図は東地中海からインドにわたる広大な領域を占めました。そして征服者マケドニア人のしゃべるギリシア語が、この大領域——これをヘレニズム世界といっております——の共通言語となったわけです。

このギリシア語は「コイネー」と呼ばれます。「κοινὴ διάλεκτος　コイネー・ディアレクトス」というギリシア語の略で、訳すれば「共通語」となります。

といっても、これは最初から「ヘレニズム世界で共通」を意味したのではありません。あとあとはそういうことになりますが、初めは「ギリシアで共通」という意味だったのです。そんな名前がつけられたのは、それまでギリシアに共通語がなかったから——古代ギリシア語は方言の世界だったからです。

たとえば、ソクラテスやプラトンがしゃべっていたのはアッティカ方言という言葉です。歴史家のヘロドトスが使っていたのはイオニア方言、ギリシア人にとって聖典ともいうべき存在だったホメロスの叙事詩は、イオニア方言やアイオリス方言で書かれています。

やがて、アテナイが政治・文化の中心になると、その言葉であるアッティカ方言にイオニア方言を加え、アッティカ方言のいわば「癖」を除いた一種の共通語が生まれてきました。それがアレクサンドロスの壮図によってヘレニズム世界に広がっていったわけですが、その過程で文法が規則化され、単純化されるなど、共通語としての性格が強まっていきます。

コイネーはアレクサンドロスの王国が滅びたのちも、長い間、東地中海の標準語として使われました。

みなさんご存じの『新約聖書』も、この言葉で書かれているのです。

人工言語の試み――ヴォラピュック語

コイネーといいラテン語といい、また現代の英語といい、「リンガ・フランカ」の歴史を振り返ってみますと、言葉には「権力《ちから》」を栄養として伸び広がる生き物という側面があることをしみじみと感じます。

共通語というものは、それができあがった経緯《いきさつ》はどうであれ、あれば便利なものですから、みんなが使うわけです。しかし、その言葉を母国語とする人々がしごく楽をし、得をする半面、ほかの言葉を母国語にしている人々にとっては、いろいろ不都合な点も生じてきます。

だいいち、強いやつの言葉を使わされるというのが面白くない。共通語を使うんなら、使ってもいいが、誰かの母国語ではない、まったく新しい言葉をつくったらどうだろう。そうすれば平等になるではないか――そのように考える人がいるのは当然のことで、近代にいたって、そうした人工言語の試みが幾度もなされました。

その一つがヴォラピュック語です。

これはヨハン・マルティン・シュライヤー（一八三一―一九一二年）というドイツ人が考え出したものです。シュライヤーはカトリックの司祭でしたが、夢に神のお告げを聞いて、国際語を創造せよと命じられたといいます。

シュライヤーは一八七九年に、自分が編集する雑誌にこの言語の草案を発表し、翌年、ドイツ語で本を出しました。彼の理念は共感を呼んで、その試みは各国に紹介され、一八八四年、一八八七年、一八八九年と三回にわたって大会が開かれました。第三回大会の参加者は、みんなヴォラピュック語で話したといいます。かれらはヴォラピュック協会を結成し、この運動は一時ヨーロッパ中に盛り上がって、人工言語というものに対する人々の関心を高めました。

アメリカ生まれの小説家ヘンリー・ジェイムズ（一八四三―一九一六年）は好んでヨーロッパを舞台にした作品を書き、国際的な作風で知られていますが、この人の小説にもヴォラピュック語が出てきます。

それは一八九一年の『ロングマン誌』に載った「教え子」という短篇小説です。


……少年は素敵な若々しい手紙を書いた。さまざまな言語のパッチワーク、彼の家族が使う独特のヴォラピュック語で書いた寛大な追伸、そして小さい四角や丸の中、また本文の隙間に、何とも滑稽な挿絵が描いてあって――

（原文の第八章より、著者が訳して引用）

しかし、その後、シュライヤーと他の会員との間に軋轢《あつれき》が生じるなどして、運動は衰退に向かいました。それには次に述べるエスペラントの隆盛という要因もあったようで、ヴォラピュックに熱中した人々の多くは、エスペラント運動に吸収されていったのでした。

エスペラントの理念

ヴォラピュックに較べると、エスペラントという名前は我が国の人々にとって、ずっとなじみが深いでしょう。明治以来、二葉亭四迷《ふたばていしめい》や新渡戸稲造《にとべいなぞう》のように、この言葉に興味を持った人々がおり、宮沢賢治もその一人だったことはよく知られています。

エスペラントの創始者は、ルドヴィーゴ・ラザーロ・ザメンホフ（一八五九－一九一七年）です。

この人はロシア領ポーランドに生まれたユダヤ系ポーランド人の眼科医でした。彼の生まれ育ったビヤウィストクという街には、ポーランド人やドイツ人、ロシア人、それにユダヤ人が住んでいて、それぞれ使う言葉もちがえば宗教もちがうため、反目し合っていました。

その中でもことに迫害される集団に属していたザメンホフは、共通の国際語というものをつくったら、人々が仲良くなるのではないかと幼い頃から考えていました。

そして彼は一八八七年に『エスペラント博士、国際語、序文と全文』という本を出して、自らの案を世に問います。「エスペラント博士」というのは著者の筆名ですが、「希望する者」という意味です。新しい言葉によって、世界の人々が仲良くなることを希望するのです。彼のつくった人工語は、これにちなんでエスペラントと呼ばれるようになりました。

その言葉は一六条の文法規則と九〇〇あまりの単語からなり、発音と文字は一対一の対応をするものでした。

ここで注意すべきなのは、ザメンホフがエスペラントを「国際補助語」と考えていたことです。つまり、この新しい言葉が古い言葉を滅ぼして、それに取って代わることを望んではいませんでした。そうではなく、人々がそれぞれ自分の母国語を大事にしながら、簡単で使いやすい第二の言語、国際補助語をおぼえることによって、世界中の人と意思の疎通ができるようになることを目的としていたのです。

ザメンホフに共感した人々は、初め文通や機関誌によってエスペラントを使い、運動は次第にロシアや東ヨーロッパから全世界に広まっていきました。一九〇五年にはフランスのブーローニュ・シュール・メールで最初の世界エスペラント大会が開かれ、一九〇八年には世界エスペラント協会が設立されます。

人工言語の問題

エスペラント運動は現在も続き、人工言語としてはもっとも普及していますが、それでも使用者は世界に一〇〇万人程度といわれ、実用性を持つには至っていません。やはり人工言語というものには、いろいろ無理があるようです。

ヴォラピュックもエスペラントも、それを考えた目的は気高いかもしれませんが、重要な問題があると指摘されています。

最大の問題は、これらが結局、ヨーロッパの言語の亜種にすぎないということでしょう。

文法を見てみますと、いずれもヨーロッパの言葉の文法に似ています。たとえば、動詞に現在だの過去だの未来だの完了だのといった「時制」があります。ヨーロッパの人はこれ抜きに言葉を考えられないのかもしれませんが、時制は人間の言葉にとって普遍的なものではありません。現に、わたしたちの話す日本語に時制はありませんが、昨日人に金を貸したことは忘れませんし、明日返してもらおうという算段も立つのです。

一方、語彙の面を考えてみますと、エスペラントにはラテン語系の単語が非常に多い。かたやヴォラピュックは単語の大半が英語をもとにして、少し修正を加えたものです。この「ヴォラピュック」という名前自体、「ヴォラ」は world、「ピュック」は speak からつくった言葉で、「世界語」を意味しています。

そういうわけで、この両者とも、欧米人にとっては習得が比較的用意かもしれませんが、アジア・アフリカの言葉、たとえば、日本語を話すわたしたちにはそう簡単でもありませんし、西欧中心主義ではないかといった不公平感も拭えません。

どうせ新しいものをつくるのなら、宇宙人の言葉のような、かけ離れたものをつくればよいのに――しかし、このへんが人間の想像力の限界であり、所詮、人はおのれの姿に似せて神をつくるのでしょう。もしも日本人が人工言語を考えたら、それは日本語のようなものになること、請け合いです。

それからもう一つ、ある意味ではもっと深刻な問題があります。言葉が生きたものであるためには、時代の必要に応じて、新しい単語や表現を次々に生み出さねばなりません。けれども、それを野放しにしたら、どうなるでしょう？　仮にエスペラントの場合ですと、英語訛《なま》りのエスペラントや、中国語訛りのエスペラント、アラビア語訛りのエスペラントといったものが世界中に現われ、しまいにはお互いに通じなくなってしまいます。それを防ぐためには、どこかに絶対的な権威を置いて統一しなければならないでしょうが、そうすると、何のことはない――強国の支配が自分の言葉を押しつけるのとさして変わらない構図になってしまいます。

苦労をして人工言語をつくった揚句、そんな変わり映えのしないことになるならば、まだラテン語という死語でも使ったほうがましでしょう。

人工言語がなかなかリンガ・フランカになれない現実からは、いろいろな面で、言語と人間の本質が浮かび上がってくるようであります。

第二章　英語といかにつきあうべきか

英会話重視の問題

さて、このように英語が世界のリンガ・フランカとなった現在、どの国も若者の英語教育に熱を入れるようになったのは、当然の勢いといえましょう。

我が国もよそに遅れてはならないと、やっきになって英語教育に熱を入れているように見えます。しかし、そのやり方には、どうもいろいろと問題があるようです。わたしは英語教育法の専門家ではありませんが、翻訳や英文学研究といった、英語と関わりのある仕事をしている人間として、多少感ずるところがありますので、それをこれから申し上げたいと思います。

第一に申し上げたいのは、英会話についてであります。

昨今、英語といえば、巷《ちまた》の関心は一にも二にも会話というありさまで、テレビにも電車の広告などにも英会話教室や教材の宣伝があふれ、学校でもコミュニケーション能力を培うといって、会話に重点を置いています。

会話を重視する理由について、よくいわれるのはこういうことです――

「今までの英語教育は読み書きばかりやらせて、会話の練習をなおざりにしたから、六年も八年も英語を勉強しているのに、ちっとも話せるようにならない。だから、とにかく聞いて話すことを重視すべきである」

日本のマスメディアなどで英語教育の話になると、右のような主旨のことをいう人が必ずいて、それが何の批判もなしに話の前提のようになってしまいます。けれども、よく考えてみますと、この言い分には正しい部分と正しくない部分がありますので、まずは、その点をここに整理してみましょう。

従来の英語教育——ここでいうのは主として公教育のことです——が会話の練習をなおざりにしたというのは、その通りであります。

これには二つの大きな理由が挙げられるでしょう。

一つはもちろん、物理的理由です。

会話の先生として一番望ましいのは、もちろんネイティヴ・スピーカー——その言葉を母国語とする人——ですが、昔は今のように国際的な人間の行き来がありませんでしたから、そういう人も少数でした。それに視聴覚機材や教材も整っていませんでした。この点は、わたしの若い頃と較べますと、現在はまるで別世界であります。

けれども、それだけではありません。たとえイギリス人やアメリカ人の先生がいなくても、オーディオ機器が整っていなくても、やる気さえあれば会話の授業をやってやれないことはないのです。その結果、先生の悪い発音の癖が生徒に伝染《うつ》ったりするかもしれませんが、とにかく、どんどんしゃべるという訓練は不可能ではありません。しかし、我が国民はそういうことを好みませんでした。あるいは、軽んじたのであります。そこには、歴史を通じて日本国民の習い性《しょう》となった外国語に対する一つの姿勢が関わっていたと思います。

明治以前の日本人にとって、外国語とはすなわち中国語＝漢文でした。もちろん、オランダ語を勉強する蘭学者などもいたわけですが、それはごく限られた数の人たちでした。また中国語にしても、一般の日本人と中国人との接触は稀で、人々はもっぱら文字を通じて中国語に接していたのです。

そして中国語は漢字という表意文字で書かれているため、発音など全然わからなくとも意味はとれます。その昔、中国へ渡った阿倍仲麻呂や弘法大師は、きっと見事な中国語を話したことでしょうが、一般の知識人は漢文に返り点を打って、日本式に読んだのです。

このように音声と遊離した外国語学習の癖が、わたしたちには抜き難くしみついてしまって、開国以来接してきたヨーロッパの諸言語に対しても、知らず知らずに同じような態度で向き合ってきたのだと思われます。漢文では内容が読み取れればよかったわけですが、この「よく読める」ということが、すなわち外国語能力であるような感覚は、じつをいうと、わたしなどの世代も多少持っています。

わたしの親の世代、すなわち昭和一桁生まれのある知人は、外国暮らしが長く、英語も非常に達者に話しますが、学生時代は本を読んでばかりいました。

その人が、わたしにこういったことがあります。

「おれたちの若い頃はな、英語をペラペラしゃべるやつは、進駐軍の通弁みたいだといって軽蔑されたものだ。こっちはろくに話なんかできないけれども、そのかわり、どんな難しい本でもスラスラ読みこなすといって、胸を張っていたんだよ」

外国でも似たようなもの？

こういう書き言葉尊重主義が大きな弊害をなしたことは間違いありませんが、じつは日本に限らずヨーロッパでも、同じ傾向はありました。

イギリスの昔の教育でフランス語が必須科目だったことは前に申しましたが、それでも、やはりフランス語会話が苦手な人は多かったようです。

一九世紀、ウォルター・ペイター（一八三九－一八九四年）という有名な批評家がいました。オックスフォード大学でギリシア・ローマの古典を教える一方、『ルネッサンス』という評論や『エピクロスの徒マリウス』という小説を書いて、若い文学者たちに大きな影響を与えた文人です。

ペイターはもちろんフランス語の読み書きが堪能でした。彼はアメリカの作家エドガー・アラン・ポーを大いに買っていましたが、その作品を原文ではなく、フランス語訳で読んでいました。なぜかというと、ポーの書くものの内容は素晴らしいけれども、言葉遣いにアメリカ英語特有の言いまわしがある。それが鼻について、原文を読む気になれない、とペイターはいうのです。

そういう人だったけれども、フランス語会話はからきし駄目だったようで、こんなことをいっておりますーーわたしがフランス語を勉強するのはフランスの書物を読むためであって、パリのホテルでボーイと話すためではない、と。これなどは、まず負け惜しみのクチでしょうが、たしかにフランス人とつきあう必要がなければ、この人にはそれでよかったのかもしれません。

一方、フランス人の側も似たようなものです。

英語はよく読めるけれども、話せないという人が昔はふつうにいました。

フランスにジョルジュ・デュテュイ（一八九一ー一九七三年）という人がいました。二〇世紀前半に活躍した美術史家で、批評家でした。シュールレアリストの詩人たちや、作家のサミュエル・ベケットなどとも交流のあった人です。この人はシェイクスピアが大好きで、いつも愛読していました。

第二次世界大戦の終わり頃、デュテュイ氏は田舎の村にいましたが、そこへ米軍がやって来ました。ところが、村には英語を話せる人がいません。

「そうだ、デュテュイ先生がいるじゃないか。あの先生はシェイクスピアの研究家だから、英語ならお手のものだ」

村の人がそう思いついて、デュテュイ氏に通訳を頼みにきました。

「いいとも。まあ、やってみよう」

デュテュイ氏は米軍の将校と会いましたが、ふだん英語を話していないし、ましてや相手はイギリス人でなくアメリカ人ですから（フランスでは今でもイギリス英語を学ぶ人が大半です）、チイとも通じません。

「よし、君たちは君たちの好きなようにしたまえ。僕は僕の好きなようにやっておく」

将校とそう話をつけて、万事うまくいったそうであります。

これはわたしがジョルジュ・デュテュイの親族から直接聞いた話で、多少の誇張はあるかもしれないけれども、大筋は事実でしょう。

ジョルジュ・デュテュイはわたしの祖父の世代にあたりますが、わたしの親の世代はもとより、わたしと同じ世代のフランス人も、英語圏に生活したり留学したりした人はべつとして、高校を卒業しても英語があまり話せない人が大半でした。

昔、観光客がフランスへ行って英語で話しかけると、返事をしてもらえない。フランス人はフランス語にプライドを持っているから、英語でしゃべってくれないのだ、などといわれたものですが、じつをいうと、プライド云々ではなくて、一般の人は英会話が不得手だったのです。

ゾラと英語

みなさんはエミール・ゾラ（一八四〇－一九〇二年）という作家をご存じでしょうか。一九世紀フランスのいわゆる「自然主義」を代表する作家の一人で、日本文学にも大きな影響を与えました。

一九世紀の末のこと。ゾラは「ドレフュス事件」というものに関わり、窮地に陥りました。民族的偏見からスパイの嫌疑をかけられたユダヤ系の軍人ドレフュスを助けようとしたために、軍や政府を敵にまわしてフランスにいられなくなったのです。そこで一時イギリスに身を寄せていました。

ゾラはそれまで英語が全然できませんでしたが、イギリス滞在中に英語の勉強を始めました。まず初歩の入門書を学ぶと、挿絵入りの『ウェイクフィールドの牧師』という小説を買いました。当時、フランスの若い女性で英語を学ぶ人は、みんなこの本を読まされたといいます。

これは一八世紀の作家オリヴァー・ゴールドスミス（一七三〇－七四年）が書いた小説です。田舎の牧師さんの娘の結婚をめぐるほのぼのとした物語で、いかにも人畜無害な、しかも面白い本でありますから、若い御婦人の教科書として手頃だったのでしょう。この本はゾラの時代の人から見ても一〇〇年以上も前の小説ですが、そんな古くさいものを読んでは駄目だ、などという人は昔はいなかったのです。

ちなみに、ゾラはこの頃、ヴィゼッテリというイギリスの友人に面白いことをいっています。

イギリス人は自分のことを「I」と大文字で書くけれども、文章の中に「I」「I」となんべんも出てくると、いかにも尊大な感じを受ける。どうして小文字で「i」と書かないのだろう？　我々フランス人は自分を「je」と小文字で書くし、ドイツ人は名詞をみんな大文字で書きはじめるけれども、自分のことは「ich」と小文字で書く。スペイン語でも、「わたし」は小文字の「yo」である。世界中で自分に大文字を使うのは英語だけではあるまいか？　自己顕示欲の塊のような気がする——と。

なるほど、いわれてみればそうかもしれませんね。

フランス人の英語教育

このエミール・ゾラがやったように、まず文法の初歩を学び、それが終わったら、何かリーダー（読本）を読むことによってさまざまな表現を学び、単語を覚える——わたしなどが受けたかつての英語教育のやり方は、英語に限らず、外国語学習の常道でした。

この段階に達したあと、その言葉が話されている国へ行くなどすれば、会話能力が身につきます。そうしないで、自分の国にいて本ばかり読んでいれば、いわゆる「読み書きができて、しゃべれない」人間となるわけであります。すなわち、ここに一つの分かれ道があるといってよい。

フランスの場合、最近では人々が英語によるコミュニケーションの必要を痛感していますから、この分かれ道から、英語が話せる道へ進む人が多くなりました。

今日《こんにち》の若いフランス人は英会話の上手な人が多くなり、地方はべつですが、パリなどでは旅行者も英語で万事用が足りるようになったことは、ご存じの通りです。その大きな要因としては、英語の先生にイギリス人やカナダ人などネイティヴ・スピーカーが多いこと、夏休みなどに子供を英語圏にホームステイさせる家族が多く、そのための環境が整ってきていることなどが挙げられるでしょう。会話の上達には何といってもその国へ行くのが一番ですから、効果がメキメキあらわれてきたのは当然です。これはドーヴァー海峡を電車で渡れる時代ならではの現象ともいえますね。

また、現代の若者はインターネットを通じて、日常的に英語の話し言葉に触れる機会が多く、リスニング能力が向上していることも見逃せません。

読み書きは必要ないか

フランスと日本では条件が全然異なるけれども、こうした他国の事情も参考にしながら英会話教育を充実させることが大事であることは、いうまでもありません。

しかし、今の我が国ではどうも振り子が反対側へ振れすぎているように思われます。会話を重視するあまり、読み書きや文法を軽視する傾向がはなはだしい。まるで読み書き・

文法を学ぶと英語が話せなくなるといわんばかりであります。それはとんでもない間違いで、先に例に挙げたフランスでも、公立学校の場合、英語の授業はやはり文法と文章の読解が中心で、中学では文法に、高校では読解に重点を置いています。

読み書きは会話能力をそこねるどころか、立派な英語を身につけるために欠かせないことなのであります。なぜなら、英語を母国語とする人々も読み書きを学ぶのですから。

文章語と日常語

世の中の大人がこれだけよってたかって、「英語をやれ、英語をやれ」と言いつづけると、英語の苦手な若い方はきっと、こうお思いになるでしょう。

「いいなあ、イギリスやアメリカに生まれた人間は。こんな大変な勉強をしなくても、子供のときから英語が話せるんだ。それに英語は世界に通用するから、外国語なんか習わなくてもいいんだもの」

そんなふうに考えたくなるのも無理はありませんが、この考えには一つ誤りがあります。英米人が英語を勉強しないかというと、けしてそんなことはありません。かれらはわたしたちのいう「英語」は学ばなくとも、「国語」は学校でしっかり勉強するのです。

文明の発達した地域では、どんな言葉にも、いわば「日常語（話し言葉）」と「文章語（書き言葉）」があります。いっぱしの大人になるには、両方身につけなければなりません。「日常語」はその国に生まれ育てば、誰でも自然と覚えますが、「文章語」は文章を読んだり書いたりしなければ身につきません。むろん、両者は全然無縁な、かけ離れたものではなく、「日常語」が「文章語」に入ってきたり、「文章語」が「日常語」に入ってきたりする部分はあるけれども、大まかにいえば別個のものであります。

そして、「文章語」はダテや酔狂でこしらえたものではありません。もったいぶって難しい言葉を使い、偉そうな顔をするためにつくったのではない。もちろん、そういうことをする人がいないわけではありませんが、それは文章語本来の用途ではないのです。言葉を凝縮し、切れ味のよい簡潔なものにして、いわば情報処理の能率を高める。それによって深い難しい問題に対処する――これが文章語の使い途であって、そのために長い歴史を通じて磨き上げられてきたのであります。

その「文章語」を身につけないと、ふだんのおしゃべりはできるけれども、抽象的・概念的なことがなかなか把握できない。学術論文はもちろんのこと、新聞の記事、たとえば『ワシントン・ポスト』の社説なども読めないということになる。社説なんか読めなくても困らないかもしれませんが、へたをすると契約書が読めない。それでは、この資本主義の世の中を渡ってゆかれませんし、試験問題が理解できなければ、運転免許も取れないということになります。

ですから、イギリスやアメリカの子供といえども英語の本を読み、作文を書かされ、みっちり仕込まれるのであります。これはどこの国でも同様で、中国や台湾の子供は漢文の古典を読まされます。フランスでは幼いうちから一八世紀の詩を暗誦《あんしょう》させられたりします。日本でも、わたしたちは国語というものを勉強するではありませんか。

なぜなら、日本でオギャアと生まれさえすれば、一通りの日本語が使えるというものではないからです。さまざまな文章を読まなければ、厚みのある豊かな語彙は手に入りません。英語でも、事情はまったく同じであります。

平井呈一の勉強

それについて思い出すのは、昔、英文学者の由良君美《ゆらきみよし》先生からうかがった平井呈一《ていいち》（一九〇二―七六年）の話です。

平井呈一という人は翻訳家で、イギリス文学、とくにゴースト・ストーリーの翻訳紹介につとめました。一番有名な仕事は『小泉八雲全集』の翻訳でしょう。江戸川乱歩の勧めで、ブラム・ストーカーの『吸血鬼ドラキュラ』を初めて全訳したのも、この人でありま す。

外国文学の昔の翻訳者には、森鷗外や上田敏《びん》をはじめとして、平田禿木《とくぼく》、松村みね子、神西《じんざい》清など、外国語ができるだけでなく、日本語の素養が豊かで、立派な日本語の作品を生み出した人々がいました。平井呈一もその一人といってよく、なにしろこの人は永井荷風に弟子入りして、それなりに認められた文章の達人です。『オトラント城奇譚』という一八世紀の小説を、文語訳と口語訳の二通りに翻訳してみせて、当時若かったわたしなどは、まるで神様のように思いました。

平井呈一を師として仰いだ人に紀田順一郎氏や荒俣宏氏がいますが、由良君美先生――

わたしは教えを受けましたので、先生と申します――もそうでした。

その由良先生があるとき、平井呈一にこういう意味のことをいわれました。

「先生のような、昔の方はいいですね。古文がお使いになれるのですから」

すると、平井呈一は怒って、べらんめえ口調でいいました。

「とんでもねえ。おれだって、どうして最初《はな》から古文が使えるものか。万葉集からはじめて日本の古典を一生懸命勉強したんだ！」

ちなみに、この平井翁は弟子に腹を立てると、「てめえなんか破門だ！」というのが口癖だったそうです。

あるとき、由良先生は和菓子を持って平井翁に挨拶に行きました。きっと上等なお菓子だったにちがいありません。ところが、さる有名な菓子屋の家に生まれた平井翁には、何かが気に入りませんでした。当世風でしゃらくさい菓子だとでも思ったのかもしれません。さっそく「破門だ！」の一声がとびだしたそうですが、この古文の一件のときはどうだったか、由良先生にうかがうのを忘れてしまいました。

第三章　早期教育と英語の実用

早期教育の明と暗

会話重視ということとこれは密接に結びつきますが、英語教育に関して現在注目を浴びているもう一つの問題は、英語の早期教育です。

この問題についてはかねてから賛否両論があり、相当に強い反対意見を唱える人も多いけれども、そんなことをよそに現実はどんどん進んで、小学校での英語教育が必修になりました。一方、巷では、まだろくに日本語も話せない幼児を対象にした英会話教室が人気を呼んでいます。

英語を覚えさせることがこの世で何よりも大切ならば、それは早いうちに教育を始めたほうがよいに決まっていますが、果たしてそうでしょうか？

日本語を母国語とする日本人の場合は、日本語と英語の二つを天秤にかけて、両者の釣り合い、匙《さじ》加減を常に考えるべきではないでしょうか？

早期教育に反対する人の中には、児童心理学の見地から弊害を指摘する人がいます。人間の精神の形成には、母国語——それはたった一つしかありません。お母さんは一人しかいませんから——の習得が大事な意味を持つのであって、これがうまくゆかないと、ことは語学だけの問題では済まず、人格形成、精神の健康に危険が生じるというのです。

そのような弊害があるとすれば、これは大事《おおごと》ですから、十分検討する必要があります。けれども、わたしは心理学に詳しくありませんので、その話に立ち入るのはやめて、べつの側面を取り上げたいと思います。

せちがらい今の世の中では、何でも「コストパフォーマンス（費用対効果）」が重視されます。あるサービスや品物に関して、こちらの支払うものに対し、得られるものがどれだけあるかということです。わたしたちは日々のちょっとした買い物にも、そのことを考えているわけですが、時として、その感覚が鈍ってしまう場合があります。

英語早期教育の問題も、その一つではないでしょうか。

この場合、「費用」とは単に金銭だけではなくて、もっと広く「失うもの」とお考えになってください。それに対し、「効果」とは「得るもの」であります。

外国語はもちろん、幼いうちから習えば覚えが早い。これは「得るもの」であります。

一方、わたしたちの時間やエネルギーは無限ではありませんから、英語を教えれば、その分どうしても日本語の教育にしわ寄せが来る。子供の日本語の習得が遅れるわけです。ここから、いろいろと「失うもの」が出てきます。わたしたちはこの両者をよく見さだめて、どういう得をするか、どういう損をするかという観点から、早期教育の是非を考えるべきであります。

ところが、早期教育をしゃにむに推し進めようとする人々は、「得るもの」ばかり強調して、「失うもの」のことを語りません。それで一般の人は、この点をつい見過ごしてしまいます。

わたしは今、この問題をインドの事情を参考にして、ご説明しようと思います。

インドの英語教育

掛け算を九九どころか九九×九九までおぼえさせるというインド式算数教育の優秀さは、近年我が国でも知られるようになりましたが、数学のみならず、インド人の英語が達者なことは、大方の日本人の羨むところであります。

かれらはどうやって自在な英語力を身につけるのでしょうか？

その秘密はやはり教育にありますが、それは英語を早くから教えるとか、教授法が優れているとかいった単純なことではありません。社会全体、また国民文化全体に関わる問題なのです。

まず初めにご承知いただきたいのは、広大なインドという国は、古来たくさんの言語を話す人々が住んでいる多言語国家だということです。ヒンディー語が一応公用語ということになっていますが、これはもともと北インドの言葉で、南ではあまり普及しておらず、事実上の公用語は英語です。

さて、インドの学校制度はどんなものかというと、日本の幼稚園、小学校、中学校、高校にあたる学校がそれぞれあり、高等教育として大学や専門学校があります。

学校には「government school　ガヴァメント・スクール」と呼ばれる公立学校と私立学校があります。公立学校では授業を大部分地元の言葉で行いますので、英語はそれほど——ネイティヴ・スピーカーのように——できるようにはなりません。

一方、私立学校では小学校レベルから徐々に英語の基礎を培い、中学・高校レベルになると、学校によっては母国語教育以外のすべての授業を英語で行います。こうした学校を総称して「English Medium School　イングリッシュ・ミーディアム・スクール」と呼びますが、その多くはミッション・スクールから始まったものです。

公立学校は無料なので、貧しい家庭の子供はおおむねこちらに入ります。私立学校にはお金がかかりますから、入れるのはある程度、経済的に余裕のある家の子供たちです。都市部の中流以上の家庭はたいてい子供を私立学校に入れますが、貧しい人たちも、可能ならば、無理をしてでも子供をこちらに入れようとします。なぜかというと、先ほど申し上げたように、インドは多言語国家ですから、たとえばタミール州とケララ州では話す言葉が違います。共通語である英語が十分活用できませんと、よその州に行ったとき、仕事ができません。そんなことでは立身出世はとてもおぼつかない――べつの言葉でいうと「階級的上昇」ができないからです。

言葉の洗浄――土語を洗い落とす

こうして大部分の教科を英語で行うことが、英語教育として有利なことはいうまでもありません。いわゆる語学学習では見落としがちな、数学とか、理科とか、社会とか、さまざまな分野の語彙が身につくからです。

けれども、それだけではありません。

イギリス人のように流暢《りゅうちょう》な英語を話すインド人の子供を見ると、日本のお母さんなどはびっくりしてしまいます。どうすれば自分の子供もあんなふうになれるだろうかと思って、英会話の塾を探したりする。

しかし、それは学校や塾だけの問題ではないのです。

インドのある御家庭を例にとって、お話ししましょう。これは、わたしは直接には知りませんが、わたしの知人が親しくしている一家の話です。

裕福なその家の御両親はタミール州の出身で、現在、カルナータカ州の州都であるバンガロールに住んでいます。かれらの母語はタミール語ですが、二人とも英語が達者です。子供たちは前に述べた「イングリッシュ・ミーディアム」の学校に入り、家庭でも両親とは英語を話しています。

一方、同居しているお祖父さんとお祖母さんはタミール語しかできません。家にいる大勢の使用人たちは、カルナータカ州の公用語であるカンナダ語しか話せません。

このような環境に生まれ育った子供たちにとっては、学校で習う「母国語」ではなく、英語のほうが母語なのです。もちろん、お祖父さん、お祖母さんとは片言のタミール語で会話をしますし、使用人と話したり、街で買い物をしたり、タクシーに乗ったりするときにはカンナダ語を話しますが、それらはみな必要最小限の言葉を覚えるだけで、それ以上深く研究したりはしません。読書も、テレビも、インターネットも、使うのはすべて英語で、いわば英語によって精神を形成しています。

あと数十年して、この子供たちが親の世代になると、家庭に英語以外の言葉を話す人はいなくなり（使用人はべつです）、いわば純粋英語家庭となって、インドの土着の言葉は、芋についた泥を洗うように消えてゆきます。

これはインドに限らず、マレーシアでも、ナイジェリアでも、フィリピンでも、イギリス・アメリカの旧植民地の大半で起こっている現象です。一言で申しますと、社会的な階級が上昇するにつれて、母国語・土語は洗われてなくなるということです。

英語化の損得

さて、こうしたことを念頭に置いて、前にいった「得るもの」と「失うもの」とを考えてみましょう。

英語早期教育によって「得られるもの」の一つは、英語が早く身につくということです。しかし、じつはそれ以上に重要なのは、ネイティヴ・スピーカーのような英語を身につけることでしょう。幼いうちにおぼえた言葉は、少なくとも発音などはネイティヴ・スピーカーに近くなりますから。ただし、この点に関しては早期教育だけでは不十分で、家庭からも日本語を追放しなくてはなりません。

インドの中流階級に属する人々の多くは、この「得られるもの」とひきかえに、母国語を棄てることを選択したわけです。イギリス、アメリカ、オーストラリアをはじめとして、世界には英語を母国語とする人々が大勢います。そのお仲間に加わることのほうが、土着の言語文化を受け継ぐことよりも大事だと考えたわけです。

自分の国の昔の人の言葉がわからない。昔の本も読めない。古い歌の意味もわからない——日本の場合に置き換えれば、歌舞伎もわからぬ、落語もわからぬ、百人一首も、諺もわからぬ——それでもよいということであります。

「ご自分の生まれた国の言葉を棄てることに未練はないのですか？　人間にとって、真の国籍とは母国語だと思います。デラシネ（無国籍者）の最後のよりどころは母国語だというじゃありませんか」

わたしなどは、ついこう聞いてみたくなりますが、当人がそれでよければ、他人がとやかくいうことではないのでしょう。

長いことイギリスの植民地だった国では、そうした選択も抵抗なくできるのでしょうが、問題は、日本人にそういう覚悟があるのかということです。いや、その前に、そもそもこの問題を意識しているかどうかが疑わしいと思います。アメリカ人のように英語が話せて、日本語ももちろん大丈夫——英語教育を「改革」すれば、そういう子供たちがどんどん生まれてくると考えている人が多いのではないでしょうか。

「失うもの」は土着文化のほかに、もう一つあります。それは社会の一体性ということです。

そもそも、今申し上げたような英語教育を受けられるのは、インド国民全部ではありません。人口からすれば一握りのエリート層で、英語など少しも話せない民衆が大多数を占め、中には文字さえ読めない人々もまだたくさんいるのです。

この国は何といっても巨大な国で、カースト制といった特殊な事情もありますから、その点は考慮に入れなければなりませんが、ナイジェリアのような中くらいの大きさの国でも事情は大同小異です。すなわち、イギリスと一〇〇年以上にわたる深いつながりを持つ国々でも、国民全部を英語の使い手にすることなど不可能だということです。そうすると、何が起こるか？　国民が英語で生活する層とそうでない層に分かれ、言葉による社会の壁ができてしまいます。

英語早期教育のやり方によっては、将来にこういう問題が待ちうけているのですが、そういうことをはっきりいわずに、日本人全体の英語国民化が可能であるような幻想をふりまくのは、無責任ではないでしょうか？

実用英語と社会

最近の英語教育では「実用、実用」ということが叫ばれるわりに、多くの人はあまり実用的なものの考え方をしないようです。

実用という面からいえば、べつにネイティヴ・スピーカーのようになる必要はありません。相手のいうことがわかり、こちらのいいたいことが伝えられれば用は足りるわけですから、英語は中学生くらいから習いはじめても十分実用になります。無理をしてイギリス人やアメリカ人のようになろうとすることは、実用的ではなくて、美的、あるいは感情的、ある意味で文化的な欲求であります。

それに実用を本気で追い求めるなら、一番力を入れるべきものはＩＴ技術でしょう。

ご存じのように、外国語の翻訳ソフトは日進月歩の進化を遂げており、現在でも数カ国語の簡単な通訳機械が実用化されています。もちろん、機械翻訳にはまだまだ改善の余地があって、英語とフランス語のように構造の似た言葉同士ではかなり役に立ちますが、英語と日本語のようにかけ離れた言葉では、複雑な文章の翻訳などはあまり使いものになりません。

しかし、ＩＴ技術の進化は恐るべきものです。いずれ国際会議でも学校の授業でも、自動翻訳機を通じて行える日が来ることは、間違いありません。それを考えますと、親子三代かけて子孫を英語国民化するなどは、ずいぶん悠長な話です。そんなことをして自分の国の言葉を滅ぼすよりも、優れたソフトを開発したほうが手っ取り早いではありませんか。

とはいえ、そうした状況が訪れるには、今少し時間がかかるでしょうから、とりあえず現時点において、実用的英語学習とは何かを考えてみましょう。

わたしがまず考えつくのは、実用英語は人間の数だけある、ということです。

たとえば、ふだん株式を扱う仕事をしているなら、株式に関する英語が、その人の実用にかなうものです。医学の論文を書く人には医学関連の英語が、ロボットをつくる人には機械工学の英語が——といった具合に、さまざまな分野の英語があるわけで、人間は、自分にとって必要があり、興味もある分野の言葉は何とか使いこなせるものです。

街でいきなり外国人に道をきかれたらドギマギする人でも、学会発表は何とかこなしたりします。観光地の土産物屋さんは、ふつうの会話はできなくとも、お客様の相手をするのに必要な会話はできます。

ですから、仮に社会人の英語教育を充実させたいというなら、「社会人の英語」などという大まかで抽象的な題目を立てず、「職種別イングリッシュ」を手軽に学べる状況をつくったほうがよかろうと思います。そうしたことは日本でもそろそろ始まっていると思いますが、イギリスの植民地だった香港などでは、こういう実践的態度が昔から定着していました。

以前、わたしは一時毎年のように香港を訪れていましたが、その頃、書店の棚を見て、驚いたことがあります。そこには、レストランのボーイだとか、ホテルマンだとか、コックだとか、種々の職業にそれぞれ必要な英語を学ぶための参考書がズラリと並んでいたからであります。

ともかく、こういう実践面に関しては、アメリカなどよりもむしろ旧植民地の実情をよく調べて、優れた点を見習うのがよいでしょう。なぜ旧植民地かといいますと、アメリカに渡った人は英語全体を習得することを望みますし、それを社会から求められもします。けれども、旧植民地の場合は、そこまで英語が達者にならない――そして、ならなくてもかまわない――人が大勢いるので、限られた目的にしぼって実利をあげる知恵が蓄積されているからです。

わたしに子供がいたら

さて、そうはいっても、若いうちは自分に先々何が必要になるか、まだわからないのですから、一通りの教育というものが必要なことはいうまでもありません。

そこで英語教育全般の話に戻りますが、わたしにもし子供がいて、思うように教育ができるとしたら、英語をこんなふうに習わせたいということを申し上げましょう。

わたしなら、まず子供が小学校の三年生になるまでは、英語はいっさい教えないで、その分日本語をよく勉強させます。

そして三年生になったら、いろいろな形でネイティヴ・スピーカーの英語に触れさせる。けれども、触れさせ、聞かせるだけで、綴りなども教えないし、詰め込み教育のようなことはいっさいやりません。自然な形で「英語の耳」をこしらえることを主眼とします。

今、わたしが「英語の耳」と申し上げたものは、英語を構成する部分部分の音を聞き分ける力のことで、これを日本語に置き換えていうと、こういうことです——

たとえば、路上で男が人を刺して逃げたとします。

あなたはたまたま近くにいたので、刺された人に駆け寄りました。すると、その人はまだ息がありましたが、「チャツボニオワレテトッピンシャン」といって、がっくりと事切れました。

あなたは警察に通報し、やがてパトカーがやって来ます。刑事さんがあなたに事情をきく。あなたは被害者が最後にへんなことをいったと証言します。

「何といったんです?」

刑事さんがそうたずねると、あなたがもし日本人なら（そして記憶力がよければ）、「チャツボニオワレテトッピンシャン」とこたえるでしょう。

しかし、あなたがもし日本語のできない外国人なら、「チャ、チャ、ええと——むにゃむにゃむにゃ」というふうにしかこたえられないでしょう。この違いが、「日本語の耳」ができているかどうかということです。

もちろん、日本人が日本語を聞いても聞き違えということはありますから、「チャツボニオワレテ」が「シャッポニコワレテ」になったりするかもしれませんが、ともかく、意味にかかわりなく日本語の音が音として聞こえる。

その上さらに、「チャツボ・ニ・オワレテ」なのか、「チャツボ・ニオワレテ」なのかという判断がつき、「チャツボ」が「茶壺」であるとか、「オワレテ」は「負われて」ではなく「追われて」であるとかいうことがわかってくると、意味も呑み込めるわけですが、それは「耳」ではなくて文法や語彙の問題であります。

英語と柔術

こういう「耳」の訓練をしばらくさせて、そのうち子供が中学に入ったら文法と読み書きを教え、一通りの日常会話も、もちろんやらせます。けれども、会話に血道をあげるよりは本をたくさん読ませて語彙を増やし、文章語を身につけさせることに重点を置きます。なぜなら、日常語は英語圏で生活をすれば、いやでもおぼえますが、文章語はよほど強い志がなければ一生身につかないからです。このことは、日本に住む外国人の日本語能力を考えてみれば、すぐおわかりになるでしょう。

さて、こうした勉強をさせて、子供が本当に英語の力をつけたいと思うならば、留学やホームステイをさせて、会話の力を向上させる。会話の力は、実地でないと、なかなか本当には身につかないものであります。

その一つの理由は、学校教育というものの性質にあります。

「ティーチャーズ・トーク」――先生言葉――という用語があるように、教室では、しゃべるスピードなどに手心を加えがちだという問題もありますが、これは先生が注意すれば克服できないことはありません。

それよりも大きな問題は、学校ではふつう標準的な発音、いわゆる「ちゃんとした発音」しか教えないことです。これは致し方ないことですが、現実の世の中に出てみると、標準的な発音でしゃべる人ばかりではありません。方言をしゃべる人もいるし、個人的な癖もあります。ですから、場数を踏まないうちは、限られた種類の人の英語しか聞き取れないことになる。

わたしはかねがね思っているのですが、語学はこの点で柔《やわら》に似ていないでしょうか。ご存じのように、柔、すなわち柔術では、相手にいろいろな関節技をかけます。ところが、人間の肉体には個人差がある。太った人もいれば痩せた人もあり、筋の太い人もいれば、細い人もいる。中には、ふつうの人間にかかる逆手《ぎやくて》がかかりにくい人もいます。

けれども、柔術家は相手を選ぶわけにゆきません。どんな相手と立ち合っても、即座に技をかけなければ、こちらがやられてしまいます。ですから、日頃なるべくいろいろなタイプの人と練習をして、技を磨いてゆくのです。
英語のヒアリングもそうではありませんか？

第四章　英語と第二外国語

昔の学園風景

さて、これまで英語教育の二つの大きな問題について意見を述べてまいりましたが、この先はもっと細かいことに話題を転じたいと思います。

それは一言でいうと、広い言語の世界に目を転じて、その中で英語というものを見直してはどうだろう、ということであります。

初めにちょっと昔の話をいたしますが、ご勘弁願います。

秋になると、あちこちの大学で催される学園祭では、どこでもたいてい模擬店というものが出ます。これはつまり屋台で、学生が来場者に簡単な食べ物や飲み物を売るのです。

わたしなども学生のとき、この模擬店をやりました。

売ったのはアメリカンドッグで、ご存じの通り、串に刺したソーセージにコロモをつけて、油で揚げるのであります。それを一本何百円かで売る。材料の仕入れや器具の借り入れなどは、そういう実務的な能力のある友達がやってくれて、わたしはただ当番の時間、店にいて、お客が来るとコロモつきのソーセージを揚げるばかりでした。

といっても、べつに天麩羅《てんぷら》屋さんのような技術は要らず、ただ調理器具に頼るのですが、最初のうちはそれでも加減がわかりません。コロモが生《なま》だったり、揚げすぎてカチカチになったりしました。そういう失敗作を全部食べさせられたものですから、アメリカンドッグにはコリてしまい、その後いっぺんも食べたことはありません。

しかし、この屋台店を学園祭の二日間か三日間やってみると、そこそこにもうかりました。もうけは主として、わたしたちのクラスでやった素人劇に使ったのでした。

それはシェイクスピアの『ヴェニスの商人』を勝手気ままに改作したもので、じつにメチャクチャな内容でしたが、お客は結構喜んでくれました。知人の某君などは二回見たといっています。

お祭りでやる素人芝居は、本当に面白いものです。ことに準備が楽しくて、寮の屋上で稽古したり、打ち合わせと称して同窓会館に泊まり込み、夜っぴて騒いだりといった思い出がたくさん残っています。

この素人劇と模擬店をやった「クラス」というのはフランス語のクラスで、担任は福井芳男という先生でした。

わたしの学生時代、日本の大学では、入試のときに受験した言語のほかに第二外国語が必修で、わたしの通った大学の場合、入試を英語で受けた人は、ドイツ語、フランス語、スペイン語、ロシア語、中国語などから第二外国語を選べました。何を選択するかは入学の際に決めておきますので、一年生になって大学へ行くと、もうすでに語学クラスに振り分けられています。

第二外国語は一から始めるので、週に何コマも授業がありました。語学クラスの面々はその間ずっと一緒に勉強をしますから、しぜん、中学や高校のクラスメートのようになり、勉強だけではなくて、後輩のオリエンテーションもすれば、学園祭の活動もするといったふうに、つきあいが深くなりました。第二外国語の単位を落とすと進級できませんから、「代返」をしてやったり、してもらったり、ノートの貸し借りをするといった友情あふれる（?）光景も見られました。

縮小された第二外国語

ところが、そんな光景はある時期から一変しました。

もちろん、大学では今でも第二外国語を教えます。しかし、昔のように学生全員が多くの単位を取得しなければならないということはありません。カリキュラムは大学により、また学部・学科によっても違いますが、全体として、第二外国語教育はわたしの学生時代と較べると、大幅に縮小されています。

たとえば、わたしが前に勤めていた電気通信大学では二単位が必修、二単位は選択です。学習院大学では、英米文化学科の場合、一年で四単位、二年次に四単位が必修ですが、経営学科ではまったくの選択科目であって、四年間第二外国語をいっさい履修しなくてもかまいません。

そうしたわけですから、かつてのような「何々語のクラス」はなくなり、学生同士のつきあいはサークルのほうが中心になっているようです。

こうした変革は、一九八〇年代の末頃から始まった大学教養教育の見直しの一環として行われました。その頃、わたしは先に言った電気通信大学に勤めておりましたから、いきさつも多少おぼえています。

明治以来長い間、大学教育のシンボルだった第二外国語の教育を縮小した理由は、英語教育に重点を置くということでした。

その頃、わたしの知っている物理学の教授が——といっても、電気通信大学の先生ではありません——こういったのをおぼえています。

「第二外国語なんか勉強しても、どうせ使いものになりゃせんだろう。その分の時間と労力を英語にふりむけて、もっと英語ができるようにしたらいいじゃないか」

こうした意見が大勢を占めたとみえて、果たしてドイツ語やフランス語の授業は大幅に減らされたのであります。

わたしはこれを良いことだと思いませんでした。

第二外国語は使いものにならないというけれども、それは少し考えが狭いのではないでしょうか。たしかに、大学に入ってからの一年や二年で身につく知識は限られたものでしょう。けれども、「少しできる」ことと「全然できない」こととはちがいます。ちがうどころか雲泥の差で、ゼロと一とのちがいは無限大です。フランス語ならフランス語、ドイツ語ならドイツ語を、大学で少し齧《かじ》ったことによって、少なくともそうした言葉を学ぶ「取っかかり」ができます。じっさい、学生時代につくった「取っかかり」を足場にして、後年本格的な勉強を始める人も稀ではないのです。若くて吸収力のある学生時代に「取っかかり」をなるべくたくさん多方面につくっておくことは、教養教育の意義の一つではないでしょうか。

英語を多角的に見る

また、英語教育の観点からこれを考えますと、異なる外国語に少しでも接することは、学習の質を変化させるとわたしは思います。それは英語を学ぶ人の心のうちに生ずる変化です。

言葉を今、人間に譬《たと》えてみましょう。

英語という外国語にしか接することのない人は、いってみれば、来る日も来る日も、誰かと二人きりで過ごしている人です。

その人の世界には「自分」とその「相手」しかいません。「相手」と仲が良ければ結構ですが、ひとたび喧嘩でもしようものなら、モウ目もあてられません。相手の顔は見るのもイヤだが、この世界にはそいつしかいない。憎み合いながら、離れられない——という悲惨な毎日になってしまいます。

ところが、ここにもう一人、「第三者」があらわれたとする。今までの「相手」に対する目は、これで変わってきます。余裕が出てくるからであります。客観視できるようになるから、といってもよろしい。二人旅と三人旅のちがいを考えてみてください。

べつの譬えをすると——仮にあなたが神田のお蕎麦《そば》屋さんの息子だとしましょう。家業を継ぐため、おやじさんに毎日厳しく仕込まれます。おやじさんは頑固一徹で、口やかましくて、どなってばかりいる。アーア、オレは一体何の因果で、こんなクソじじいと毎日つきあわなければいけないのかとボヤきたくなる。

ところが、あるとき、おやじさんがいいます。

「一人前になるには、広い世間を見てこなけりゃあ、ダメだ。二年ばかり上野の『丸々屋』さんのとこへ修業に行って、他人の釜の飯を食ってこい」

あなたは翌日から「丸々屋」へ行って、見習いになります。

さて、そうして「丸々屋」の仕事を見ておりますと、自分のおやじと同じところもあれば、ちがうところもある。

「なるほどナ。うちのおやじはクソうるさいばかりだと思っていたが、生地《きじ》の練り方は他所様《よそさま》でもうるさくいうんだな。いや、むしろこっちのほうがうるさいくらいだ。切り方は、うちと流儀がちがうな。こっちのほうが合理的な面もあるようだが、うちのクソおやじのほうが腕はいいみたいだ」

こうして修業を終えて帰ってきたとき、あなたのおやじさんを見る目は変わっています。

それと同じように、広い言葉の世界に少しでも出てゆくと、英語に対する新しい見方が生まれてくると思うのです。

文法のこと——動詞の活用

たとえば、動詞の活用（conjugation）についてお話ししましょう。

わたしたちは日本語でも、古文を学ぶときは活用に悩まされますが、外国語となればなおさらです。けれども、英語はこの点、わりあいに簡単な言葉です。不規則動詞という面倒なものはありますが、ふつうの動詞は、過去形や過去分詞形なら「d」や「ed」をつければよいのですし、未来形は動詞の前に「will」や「shall」を置けばよい。ありがたいことに、人称による変化がほとんどなく、ただ現在形三人称単数の場合に、いわゆる「三単現のｓ」をつけるだけですから、難しくありません。ただし、シェイクスピアの芝居に使われるような昔の英語には、もう少し活用がありましたが、そのことは今は省きます。

ところが、ドイツ語を学びますと、動詞の活用を覚えるのにもっとたくさんの労力を費やさねばなりません。

たとえば、「wohnen　住む」という動詞の直説法現在形の活用は、こうです。

ich wohne　わたしは住む
du wohnst　君は住む
er wohnt　彼は住む

wir wohnen　我々は住む
ihr wohnt　君たちは住む
sie wohnen　かれらは住む

Sie wohnen　あなたは住む

直説法過去形の活用はこうです。

ich wohnte　わたしは住んだ
du wohntest 君は住んだ
er wohnte　かれは住んだ

wir wohnten 我々は住んだ
ihr wohntet 君たちは住んだ
sie wohnte　かれらは住んだ
Sie wohnten あなたは住んだ

ドイツ語だけではなく、フランス語もイタリア語も、ヨーロッパの多くの言葉がこんな具合で、英語のように楽なものはないといってよいくらいです。

名詞の格変化

それから、言葉によっては名詞の格変化（declension）という、これまた厄介なものがあります。

たとえば、同じ「花」であっても、「花は（主格）」「花の（属格）」「花に（与格）」「花を（対格）」といった具合に、言葉の文法的な働きがちがうと、形が変わってくるのです。

英語でも代名詞には、これがあります。すなわち、「I, my, me, mine」「you, your , you, yours」「he, his, him, his」の類《たぐい》ですが、たとえばロシア語ですと、名詞一般にこの格変化があります。それも、「具格」と「前置詞格」を加えた六つもの格が（具格は、花ならば「花によって」などの意味を表わし、前置詞格は特定の前置詞のあとに置かれる場合の格です）。

「окнó　アクノー　窓」という中性名詞の格変化を例に挙げてみましょう――

単数　　複数

主格	окно́	о́кна
属格	окна́	о́кон
与格	окну́	о́кнам
対格	окно́	о́кна
具格	окно́м	о́кнами
前置詞格	окне́	о́кнах

今、「窓」は中性名詞だといいましたが、ロシア語をはじめ、ドイツ語にも、またフランス語やイタリア語などラテン系の言葉にも、名詞に性（男性、女性、中性）の区別があります。それによって、修飾する形容詞の形も変わってきます。英語を勉強する分には、こうしたことにも煩わされないで済むのですから、まったくありがたいことですね（ただし、名詞の性という観念は、英語にもまったくないわけではありません。たとえば、「moon　月」とか「ship　船」とかいった言葉を代名詞で受けるときは、「it」ではなく

「she」を使います。これは翻訳をするときに、よく間違いのもととなる現象であります）。

英語と中国語

活用だの格変化だの、こういう、わたしたちにとってはありがたくない性質を持った言語を、分類上、「屈折語」と呼びます。「屈折」とは、語形変化のことです。英語やドイツ語、フランス語などヨーロッパの言葉と北方インドやペルシアなどの言葉は大本が一緒で、これらをまとめて「インド・ヨーロッパ語族」と総称しますが、この一族はみんな屈折語です。

一方、活用や格変化の全然ない「孤立語」と呼ばれる言語があります。べつにその言葉がよそから孤立しているわけではなく、単語が孤立して連続するから「孤立語」というのですが、中国語、ベトナム語、タイ語、チベット語などがこれに属します。

中国語は活用などのない点では、学ぶのが楽であります。けれども、語順の面から見ると、日本語とはずいぶん異なり、漢文の「返り点」というものが発明されたのは、そのためでした。

みなさんは、中国語の文法が英語に似ているという話をお聞きになったことがおありでしょう。それは語順に関していえることです。

たとえば、中国語でも英語のように、動詞の前ではなくてあとに目的語が来ます。「因《イン》為《ウエイ》（――だから）」「雖然《スイラン》（――だけれども）」といった接続詞の使い方は、英語の「because」や「although」と同じです。また「以」「同」「為」「到」のような前置詞の使い方も、英語の「by」「with」「for」「to」などに似ています。じっさい、中国語を学習するとき、英語などヨーロッパの言葉を学んだ人は、学んでいない人に較べて、だいぶ楽であります。逆に、漢文をよく勉強した人は、英語に入っていきやすい面があることはいうまでもありません。

もっとも、両者には非常に大きな違いがあることも忘れてはなりません。たとえば、中国語は主語を必ずしも必要としません。

漢文の教科書によく使われる王維の「鹿柴《ろくさい》」という詩を例にとってみましょう。まず原文と書き下し文をここに並べてみます。

空山不見人
但聞人語響
返景入深林
復照青苔上

空山《くうざん》　人を見ず
ただ聞く　人語の響きを
返景《へんけい》　深林に入《い》り
復《ま》た照らす　青苔《せいたい》の上を

詩の大意を散文で書くと、まずこんなものでしょう――

淋しい山に、人の姿は見えない。ただ人の話し声が聞こえるばかりだ。夕日が深い林に射し込み、青い苔の上を照らしている。

さて、問題はこの詩の第一行です。

あなたがもし、この一行を英語に訳せといわれたら、どんなふうにお訳しになりますか？　英語にすると、その文章には何か主語がなければなりません。その主語は何でしょうか？

そのことを念頭に置いて、もう一度原文を見直してみましょう。

空山不見人

ふつう、わたしたちには二つの答が考えられるでしょう。

第一の答は、こうです。

この行の主語は省略されている。それは「人」や「わたし」や「あなた」や「わたしたち」であって、その「わたしたち」などが淋しい山に人を見ない、ということなのだ。

第二の答はこうです。

この文章の主語は「空山」である。「淋しい山は人を見ない」というのだ。

前者は散文的な解釈、後者は詩的な解釈といえましょう。英語に訳す場合には、このどちらかの解釈をとらざるを得ないでしょうが、原文を読むときには、そんなことを堅苦しく決める必要はありません。決めれば、かえって詩の内容を乏しくしてしまいます。

主語が必ずしもなくてよいというこの性質は、中国語と日本語に共通しています。両者はこういう「表現」の根幹に関わるような部分に、意外な共通点を持っているのです。

「置き換え」で話せる外国語

ところで、世界には語順が日本語に似ている言葉もたくさんあります。膠着語《こうちゃくご》（日本語もその一つに数えられます）と呼ばれるトルコ語や、モンゴル語、フィンランド語、南インドのもろもろの言葉などがそうです。膠着というのは膠《にかわ》のように引っつくということで、実質的な意味を持つ言葉に文法的な意味を持つ言葉の要素が引っつくから、こういうのです。似ていると一口にいっても程度の差はありますが、トルコ語の語順はかなり日本語に近く、朝鮮語にいたっては同じといってよいくらいです。

語学の達者なある人が、いつかわたしにこんなことをいいました。

「日本の若者には、第二外国語として、早いうちに朝鮮語をやらせたらいいと思うんだ」

「なぜですか？」

とわたしがたずねると、その人がいうには――

「君ね、フランス人が英語をしゃべるときは、大体『置き換え』でものをいうことができるだろう？」

「どういうことです？」

「たとえばね、『わたしはパンを食べる』というのに、フランス語と英語は語順が同じだから、頭の中で『わたし』『パン』『食べる』という単語を英語に置き換えればいい。

ところが、日本人はそうはいかない。フランス語や英語では『わたし』『食べる』『パン』の順に言葉が並ぶけれども、日本語では『わたし』『パン』『食べる』の順番だから、言葉を並べ替えなければいけない。我々がふつう最初に接する外国語は、中国語や英語だ。どちらも順番の違う言語だから、我々はショックを受けるね。外国語ってのは日本語とまったくちがう――外国人の頭の中は、俺たちとは全然べつなんだという固定観念を持ってしまう。

しかし、朝鮮語なら、『わたし』『パン』『食べる』をそれぞれ朝鮮語の単語に置き換えればいい。こういうふうに、引っくり返さなくてもいい外国語があることを知っておくと、言葉の世界に対する認識が変わるよ」

たくさんの外国語に堪能な人がこういうので、わたしは「そうですか」とうなずきました。そのときはあまり深くこのことを考えませんでしたが、今あらためて考えてみると、これは傾聴に値《あたい》する意見であります。

日本人は明治維新以来、欧米に追いつけ追い越せというかけ声のもとに、必死で英独仏露の言葉を学びました。しかし、これら「列強」の言葉は、どちらかというとわたしたちに相性の悪い「屈折語」だったのです。もしも屈折語の諸国家が世界を牛耳っていなくて、たとえば、オスマン帝国がアメリカのような覇権国家となり、トルコ語がリンガ・フランカになっていたら、わたしたちにとって「外国語」のイメージはずいぶんちがうものになっていたかもしれません。

いろいろな言葉に触れると、たとえ表面をかい撫でただけでも、こんな考えが浮かんできます。そうして少し広くなった言語観に立てば、英語を新鮮な気持ちで見直せるでしょう。

いや、それだけではありません。べつの言葉の学習が英語学習の上で明らかに役に立つ点も、少なくないのです。

それは一体、どんな点でしょうか?

第五章　英語とフランス語

冬の試験も近づきぬ
一句も解けずフランス語
佐藤春夫「酒、歌、煙草、また女」

英語とフランス語

「フランス語を勉強すれば、英語がうまくなるよ」

こんなことを申し上げたら、馬鹿なことをヌカすな、とさっそくお叱りを受けるでしょう。

それはごもっともで、わざと少し大袈裟なことをいってみたのですが、大袈裟なことはいったけれども、まるまるウソをついたのではありません。ある程度英語の学習が進んだ人は、ちょっとフランス語を勉強してみたならば、英語をいっそう磨くための役に立つと思うのです。

なぜなら、英語の一部分はフランス語だからです。

というと、これも少し大雑把な物言いになりますが、詳しくご説明申し上げると、こういうことであります。

英語の生い立ち

英語発祥の地であるブリテン諸島、その中核をなすグレートブリテン島は、地図を見ればおわかりのように、西ヨーロッパの端《はじ》っこに位置しています。

この島々には古くから、さまざまな民族が入れかわり立ちかわりやって来て、住みつきました。ですから、イギリスという国は一種の多民族国家であります。そのことは、サッカーを見れば、すぐおわかりになるでしょう。イギリスのサッカー協会はイングランド、スコットランド、ウエールズ、北アイルランドと地域ごとに分かれています。それに数年前、スコットランド独立の可否を問う住民投票が行われたことも、ご記憶に新しいでしょう。

こうしたことが起こるのは、イギリスの異なった地域——すなわち、イングランド、スコットランド、ウエールズ、北アイルランドにそれぞれちがった歴史と民族的な特性があるためで、言葉ももちろん、その特性を反映しておりますが、こうした地域全部についていちどきにご説明したのでは、話が大変ややこしくなってしまいますから、今はイングランドに限ってお話をいたしましょう。

グレートブリテン島の南部に位置するイングランドには、古くはブリトン人と呼ばれるケルト系の人々が住んでいました。

その後、紀元一世紀にここはローマ帝国の支配下に入り、ブリタンニアという属州になります（余談ですが、美食家のローマ人はブリタンニアのおいしい牡蠣《かき》をわざわざ取り寄せて食べたそうです）。しかし、歳月が経って、さしもの大ローマ帝国も屋台骨が揺らいでくると、ブリタンニアを放棄し（四〇九年）、イングランドの支配権はふたたびブリトン人の手に戻ります。

やがて、五世紀の半ば頃から、アングロ・サクソン人が渡ってきます。

アングロ・サクソン人は現在のドイツ北岸に住んでいたゲルマン人の一派で、アングル人、ジュート人、サクソン人の総称です。

かれらは先住民ブリトン人を支配し、イングランド各地に小さな王国を築きました。このときに、ブリトン人の文化や言語は一掃され、イングランドの住民はみんなアングロ・サクソン語をしゃべるようになります。今日《こんにち》わたしたちが英語と呼んでいる言葉の古い形、すなわち「古英語」は、このアングロ・サクソン語なのです。これはゲルマン系の言葉ですから、ドイツ語や北欧諸国の言葉に近いものでした。ですから、「古英語」を研究する人たちはゲルマン系の諸言語も勉強するのがふつうで、「アイスランドで学会を開いて、サウナに入ってきたよ」などという話を、わたしは聞かされたことがあります。

デーン人と「ハムレット」

さて、その後、九世紀になると、今度はデーン人がイングランドへやってきました。デーン人はあとに述べるノルマン人の一派で、現在のデンマークあたりに住んでいました。その勢力はやがて強大になり、一〇一六年にはデンマーク王子クヌートがイングランド王を追い払って、デンマーク、ノルウェー、イングランドにまたがる北海帝国を築き上げます。

シェイクスピアの悲劇「ハムレット」は架空の物語ですが、おおよそこの頃のデンマーク王国を舞台にしています。ハムレットはこの国の王子で、幽霊になって出てくる彼の父親は、ノルウェー王フォーティンブラスを殺し、領地を奪ったとあります。叔父のクローディアスは邪魔になったハムレットを属国イングランドに送り、亡きものにしようとたくらむ――といった具合ですから、このお芝居は広い意味でイギリスの歴史に基づく話ともいえるわけです。

クヌートの死後、アングロ・サクソン人はノルマン人の支援を受けて、ふたたびイングランドの支配権を取り戻しますが、これ以降、イングランドはアングロ・サクソン人、デーン人、ノルマン人という三つ巴《どもえ》の勢力がからみあう複雑な政治状況の中に置かれるのです。

「ノルマン征服」

さて、そのうちに英語の性質を大きく変える大事件が起こりました。いわゆる「ノルマン征服」――つまり、ノルマン人によるイングランドの征服であります。

ノルマン人というのは、古代のゲルマン人の一系統で、その点ではアングロ・サクソン人と全然異民族というわけでもありませんが、ちがうことはやはりちがいます。

かれらはもともとスカンジナビアとバルト海沿岸に住んでいた、いわゆるヴァイキング（海賊）でした。それが九世紀にはヨーロッパ各地に出ていって、さまざまな国をつくりました。前述のデーン人もその一系統であります。

このノルマン人の一部はフランスのノルマンディー地方に移住して、ノルマンディー公国という国をつくりました。

一〇六六年、ノルマンディー公ギヨーム二世は、サクソン人の王ハロルド二世を有名な「ヘイスティングズの戦い」で打ち破り、イングランド王ウイリアム一世として即位します。イングランド各地に残ったサクソン人やデーン人の諸侯は反抗しますが、やがて平げられて、イングランドは統一されます。サクソン人の諸侯に代わってノルマン人の貴族が各地を支配し、以来、今日に至るまでイングランドの貴族はみんなノルマン系の血筋なのです。

二重言語時代

ノルマン人は本来、ゲルマン系のノルド語という言葉をしゃべっていましたが、フランスのノルマンディーに移り住んだ人々の言葉は、ノルマン語という一種のフランス語に変わっていきました。イングランドを征服したのは、この言葉をしゃべる人たちでした。

したがって、「ノルマン征服」以降のイングランドは、支配階級の話し言葉はいわばフランス語であり、被支配階級の話し言葉はアングロ・サクソン語（古英語）であるという、二重言語状態にあったわけです。

ウォルター・スコット（一七七一－一八三二年）の歴史小説『アイヴァンホー』は、この時代、田舎に残ったサクソン系貴族の姿を生き生きと描いています。むろん、小説ですから史実と異なる点もありますが、ノルマン語とサクソン語の関係を面白く表現した箇所がありますので、ここに引用してみましょう。

以下は、作中に登場するサクソン人たちの会話であります。

「はてさて、お前さま、この四足で歩きまわり、ぶうぶううなるけだものをなんといいなさるのじゃ」

「豚、スワインじゃ、あほう。そんなことどんなあほうでも知っとるわい」

「そのスワイン（豚）は立派なサクソン語じゃ。したが、その牝《め》豚が皮をむかれ、はらわたをぬかれ、四つ裂きにされ、踵《かかと》をしばってつるされ、まるで謀叛人《むほんにん》のような目にあわされたときには、お前さまそれをなんといいなさる？」

「ポーク、だあね」

「どんなあほうでもそれもやっぱり知ってるとはありがたいではござんせんか。でそのポークというのは立派なノルマン・フランス語のようでござんすね。このけだものも、生きてサクソン人の奴隷の世話になっているあいだは、サクソンの名前でとおりまする、それがお城の広間に召しだされお偉いみなさまのごちそうのお仲間になるだんになると、それ、ノルマン人になってポークという名前になりまする。ガースどの、これをなんと思《おぼ》し召します、へっ？」

「ウォンバどん、どうしてそのあほうの頭で考えついたかしらんが、なるほどこれはもっともな道理じゃな」

「いや、まだござる」ウォンバはあいかわらずの調子でいった。「長老オックス（牛）どのじゃ。お前さまのような小作人で農奴の世話になっているあいだはサクソンの名前を捨てなさらん、がさて長老どのをむしゃむしゃ食べるありがたいお顎《あご》さまの前までゆくと、これがビーフとなって、熱烈なフランスの色男に早がわりするのでござる。カーフ（仔牛）どのもおなじくムシュ・ド・ヴォーと相成る。世話のやけるときはサクソンで、おたのしみの種になるときにはノルマンの名前になりますするのじゃ」

（ウォルター・スコット『アイヴァンホー（上）』菊池武一訳　岩波文庫）

水と油を同じ器に入れれば、油が上に、水が下になります。

それと同じように、同じ社会で二つの言葉が使われますと、片方はお上品な言葉とされて、片方は下品な言葉に成り下がるのがふつうです。下品な言葉とされるのは、もちろん、被支配者の使う言葉で、戦争に負けた者は言葉の上でも屈辱を味わうわけです。

ご承知の通り、こうしたことは、歴史をひもとけばたくさん出てきますね。

たとえば、七世紀のイランを考えてみましょう。時代も場所もがらりと変わりますが、ここでも同じような現象が起こりました。

ご存じのように、ペルシア人――今日でいうイラン人は、紀元前以来の長い歴史と文化を誇る民族であります。

かれらは古代にはアケメネス朝という王朝を立て、近隣の諸民族を征服して、大帝国を築きました。この国は自分に楯突くギリシア人を屈服させようとして、遠征を行いますが、簡単に平らげられるかと思いきや、あろうことか苦戦を強いられました。その戦の顚末《てんまつ》を詳しく綴ったのが、有名なヘロドトスの『歴史』であります。

この本を読みますと、ペルシア人とギリシア人のほかに、メディア人だの、スキタイ人だの、じつにたくさんの民族のことが記されています。というのも、帝国ペルシアの大軍勢には、ペルシアに支配される諸民族も兵を送ったからで、言語も文化も異なる人々が大挙して押し寄せる姿を想像しますと、まるで万国博覧会が攻めてきたような感じです。

戦争中、ペルシア王クセルクセスはヘレスポントス海峡に船の橋を架けましたが、それが嵐で流されてしまいました。すると、クセルクセスは怒って海に三〇〇の鞭打ちの刑を加えたという話が『歴史』第七巻に書いてあります。これなどを見ても、かれらがいかに誇り高い民族だったかが察せられましょう。

その後に興《おこ》ったササン朝もローマ帝国と張り合う大帝国で、ホスロー一世（在位五三一－五七九年）の時代が最盛期といわれ、学問・文化も栄えました。このササン朝時代に使われていたペルシア語はパフラヴィー語と呼ばれ、行政、宗教、文学に用いられました。

ところが、ササン朝は七世紀半ば、新興のイスラム勢力に滅ぼされます。ペルシアはイスラム勢力の支配下に入り、そうすると、聖典『コーラン』の書かれているアラビア語が公用語になります。誇り高いペルシア文化を担ってきたパフラヴィー語は、一朝にして賤《いや》しい日常語の地位に下落したのであります。

この頃のペルシアの知識人たちのくやしさは想像に難くありません。のちにペルシア語の文芸復興運動が起こり、たくさんの優れた詩人が現われますが、それも、そのくやしさをバネにしたのかもしれません。

「ルバイヤート」と呼ばれる四行詩で我が国でも知られる詩人のオマル・ハイヤームに、こんな詩があります。

こころよい日和《ひより》、寒くなく、暑くない。
空に雲　花の面の埃《ほこり》を流し、
薔薇《ばら》に浮かれた鶯《うぐいす》はパハラヴィ語で、
酒のめと声ふりしぼることしきり。

（オマル・ハイヤーム『ルバイヤート』小川亮作訳　岩波文庫）

右に引用した『ルバイヤート』の訳者・小川亮作は「パハラヴィ語」に注をつけて、「上層階級は忘れ去られ、わずかに下層の国民大衆の間に語りつがれていた」と書いています。詩人はなぜその言葉を鶯に語らせたのでしょうか？　俗世に生きる人間どもは支配者の文化に染まって、古いゆかしい言葉を忘れてしまったが、鶯は違う、といいたいのではないでしょうか？

さて、こうした二重言語状態が長く続くと、稀には支配者の言葉が被支配者の言葉を滅ぼしてしまうこともありますが――ブリトン人の言葉が滅びたのがその例でしょう――たいていの場合、支配者のほうが少数派なので、その言葉はやがて庶民の言葉に溶け込み、消えてゆきます。そのかわり、旧来の言葉になにがしかの影響を及ぼすことになります。この現象の結果として、ペルシア語にはたくさんのアラビア語が流れ込みました。ノルマン語とアングロ・サクソン語の間でも、同じことが起こりました。古英語――アングロ・サクソン語――がノルマン語とまじり合って、「中英語」と呼ばれる新しい言葉になり、その中には、ノルマン語系の言葉とサクソン語系の言葉がどっちもあるという事態が生じたのであります。そして、その結果は現在まで残っています。

実際の例を少し見てみましょう。

英語の単語は、なぜ多い

外国語を学ぶ者にとって一番大きな課題は、たくさんの単語をおぼえることです。昔は辞書を丸暗記するという話をよく聞きました。暗記したら、そのページを破って食べてしまった豪傑の話も聞かされたものです。わたしは辞書を暗記した人は知っていますが、食べた人には会ったことがありません。一体どんな味だったのでしょう。インキ臭かったのではないでしょうか。

辞書を一冊おぼえるのはちょっと困難でも、単語集を暗記するのは、受験生がよくやったことです。

わたしと同じ世代の方はご存じでしょうが——ちなみに、わたしは東京タワーと同じ一九五八年生まれです——かつて『試験にでる英単語』（森一郎著、青春出版社）という本がベストセラーになったことがありました。わたしたちはこれを縮めて「デル単」と呼んでいました。大きさはポケット辞書くらいですが、語数は非常に絞り込まれていました。高校の中間試験や期末試験の前に、うしろの席の友達と二人でこれのおぼえっこをしたのを思い出します。

そういう詰め込み方が果たして良かったかどうかはわかりませんが、ともかく英単語をある程度おぼえますと、同じ意味や似た意味の単語が多いことに気がつきます。

たとえば、どなたもご存じの「begin」という単語は「始まる、始める」という意味ですが、「commence」という単語があって、これも「始まる、始める」という意味を持ちます。

この二つのうち、「begin」はアングロ・サクソン語から来た言葉で、「commence」はノルマン語から――すなわち、フランス語から来た言葉です。そう、フランス語で「commencer　コマンセ」という動詞は「始まる、始める」の意味ですね。

同じ意味に対して二つの単語があるのは無駄ではないかという気もしますが、この二つの単語の使われ方は同じではありません。「begin」は非常に幅広く用いられるけれども、「commence」は場合が限られ、たいていは書き言葉で、少しかしこまった言い方として使われます。日本語に譬えますと、「始まる、始める」は大和言葉で、「開始」は漢語ですね。日本語では公文書だとか、堅い内容の本などに漢字がたくさん使われる傾向がありますが、それと同じように、英語でも小難しい文章にフランス語由来の言葉が多くなるという、大変よく似た現象が起きています。

「始まる」を例に取りましたが、それなら、「終わる」はどうでしょう。

「end」という言葉と「finish」という言葉は、どちらも「終わる、終える」を意味しますが、「end」はアングロ・サクソン語に、「finish」はフランス語に由来します。すなわち、現代フランス語「finir」のもととなった「fenir」という古い動詞から来ているのです。

この二つには、小難しいかどうかだけでなく、意味自体にも少し違いがあります。すなわち、「finish」という単語は、単に「終える」というだけでなく、「完成する」とか「仕上げる」という意味を持ちます。この意味はこの言葉が、フランス語よりもさらに昔へさかのぼって、ラテン語のときから持っていたものであります。

もう一つ、例を挙げてみましょう。

あなたがお友達と野原を散歩しているとします。

向こうのほうにきれいな花が咲いているのを見つけて、あなたはお友達に呼びかける。

「ほら、見て！」

こんなとき、英語では「Look!」という言葉をよく使いますが、「look」はアングロ・サクソン語由来の言葉です。一方、フランス語ではこんなとき、「Regard!」とよくいいます。

このフランス語の「見る」という動詞「regarder　ルガルデ」も「regard」という英語になっていますが、「look」とは大分意味や使い方が異なります。英語の動詞「regard」は、同じ「見る」にしても「つくづく注視する」という意味合いを含み、また視覚的に見るのではなく、頭の中でAをBと「見なす」という意味でも使います。たぶん、あとの意味で使われるほうが多いでしょう。

さて、万事がこんな調子ですから、英語の単語数が多いのも無理はありません。ためしに、みなさん、同じくらいの大きさの英和辞典と仏和辞典や独和辞典を較べてごらんなさい。英和辞典のほうが、見出し語の数が大分多いですから。

わたしは受験生のとき、英単語の暗記に苦労して、何でこんなに似たような意味の単語が多いのだろうとボヤキました。そのときは誰を恨んでよいかわかりませんでしたが、今はわかっています――恨むべきはノルマンディー公ギヨーム二世であります。

英語はドイツ語のそっくりさん?

さて、英語を学んだ人がフランス語を勉強しはじめると、右に申し上げたようなことを実感されるでしょう。実感というのは、自分でフランス語の単語を一つひとつおぼえてゆくうちに「なるほどな」と身にしみて感ずるわけで、ただ「英語の語彙の何割かはフランス語由来です」といわれて、「アー、そうですか」とうなずくのとはちがいます。英語の単語の色分けのようなものが感覚的にわかる。本章の冒頭でフランス語の勉強が英語の勉強に資するといったのは、こういうわけであります。

それでは、第二外国語としてドイツ語を学んだら、どうでしょうか？
ドイツ語はゲルマン系の言葉ですから、英語のゲルマン的な部分、すなわちアングロ・サクソン語的な部分と多くの共通点があります。ですから、ドイツ語を勉強すると、英語のその面が見えてくる。その効果は、フランス語を学んだ場合と較べて、ネガとポジの関係にあるといってよろしい。

一つ例を挙げましょう。

チーズという英語はすっかり日本語になっていますが、この乳製品をフランス語とドイツ語で何というか、みなさんはご存じですか？

私事になって恐縮ですが、わたしは小学生のとき、夏休みを家族とヨーロッパで過ごしたことがありました。

最初パリに一週間ほどいたのち、車でドイツ（当時はまだ「西ドイツ」でした）のハイデルベルクに近い田舎へ行き、そこに半月ほど滞在して、そのあとオランダへ行きました。

あれはフランスからドイツへ行ってまもないときだと思いますが、朝食の席で、父親がわたしにたずねました。

「チーズをドイツ語で何ていうか知ってるか?」

「知らない」

「ケーゼだ。どうだ、ドイツ語と英語は似ているだろう」

ほんとだな、とわたしは子供心に思いました。

その前にパリで食事をしたとき、チーズは「fromage　フロマージュ」だと教わったからです。フロマージュとチーズとでは全然似ても似つきませんが、「Käse　ケーゼ」ならば、言葉の骨組みは同じであります。余談ですが、山形県に「左沢」と書いて「アテラザワ」と読ませる地名がありますが、チーズとケーゼの変化はヒダリがアテラになる程度の変化であります。

ドイツ語を勉強すると、こういう発見を何度もすることでしょう。

たとえば「本　book　ブック」はドイツ語で「Buch　ブッフ」です。一方、フランス語では「livre　リーヴル」であります。「家　house　ハウス」はドイツ語で「Haus　ハウス」、フランス語では「maison　メゾン」。「幽霊　ghost　ゴースト」はドイツ語で「Geist　ガイスト」、フランス語では「esprit　エスプリ」とか「fantôme　ファントム」といった具合――ゲルマン系とラテン系との違いが歴然としているではありませんか。
ドイツ語と英語には本当に似た単語が多く、「door　ドア」と「Tür　テューア」、「明かり　lamp　ランプ」と「Lampe　ラムペ」、「friend　フレンド」と「Freund　フロイント」、「庭　garden　ガーデン」と「Garten　ガルテン」など、枚挙に暇《いとま》がありません。ですから、英語をある程度やって、語学を（あんまり苦労せずに）もう一つものにしたい、という人には、ドイツ語はお勧めかもしれません。

第六章　英語の中の外国語

借入の多い英語

前章では、フランス語の言葉が英語に入ってきた話をいたしましたが、このように、ある言語がべつの言語から単語を取り入れることを、「借入」とか「借用」といいます。

英語の場合、借入はフランス語からに限ったことではありません。

イギリスの言語学者アーネスト・ウィークリー（一八六五―一九五四年）の『ことばのロマンス』という本があります。

著者ウィークリーは、英語の語源学の研究家として知られ、『近代英語語源辞典』という辞典を残しました。『ことばのロマンス』は、その彼が一般読者に語源学の面白さを伝えようとして書いたものです。ちなみに、ロマンスという言葉を、日本語ではたいていラブストーリーのような意味で使いますが、英語の場合、必ずしも色恋とは関係がなく、空想的な、奔放な、「伝奇物語」くらいの意味で使います。ですから、この本の題名は「言葉の数奇な物語」というくらいの意味で、一つの言葉がさまざまな過程を経て外国語から英語に入ってくるありさまを、面白く説明しているのです。

「英語は世界のほとんどすべての言語から」借入を行っている、とウィークリーはいっていますが、たしかにこの本を見ると、東西南北、マアじつにあちこちから言葉が入っていることに驚きます。それにはもちろん、いろいろな民族が渡ってきたブリテン島の歴史も関係しているでしょうし、イギリス人が海洋民族であり、七つの海を股にかけて世界へ雄飛したことにも関わりがあるでしょう。

今、ウィークリーが引き合いに出した実例を少し引用してみましょう。引用はいずれも岩波文庫版によります。

toy（玩具）

ところで、「オランダの子供たちは、英国の子供たちが壊して喜ぶ物を喜んで作る」という愉快な作り話は、英語の toy（玩具）がオランダ語の tuig（道具、物、材料）の借入であることを裏書きしている。このオランダ語は、同族語のドイツ語 Zeug と同様に、道具、材料など無数の意味を表わしている。しかし、英語では toy をオランダ語 speel-tuig（玩具）の表わす特別な意味に限定してしまったわけである。

（アーネスト・ウィークリー『ことばのロマンス　英語の語源』寺澤芳雄・出淵博訳　岩波文庫　四

（八一四九頁より）

boss（親方）

単語はまた長旅をすることも多い。「boss（親方《ボス》）」は英国では比較的耳新しい米語法だが、多くの米語起源の場合同様、ニューアムステルダムすなわちニューヨークを開拓したオランダ移民のことばから借用したものである。つまりオランダ語の「baas（親方）」で、したがってこの語はオランダから英国へ移るのに大西洋を二回横断したわけである。

（前掲書五一頁より）

cocoa（ココア）

スペイン語からの借入語にも、迂回路をへてきたものがある。快適で疲れをいやしてくれるcocoa（ココア）は、以前はフランス語・ドイツ語式にcacaoと書かれていたが、これはメキシコ起源の語である。cocoa-nut（ココナッ）のcocoaはcoco（ココヤシ）の変形で、醜い顔あるいはお化けを意味するスペイン語の幼児語からである。

ココヤシの実のとくに繊維質の外皮が付いている片端の黒味を帯びた形が、何か恐ろしい顔に似て見えるからである。

（前掲書五六頁より）

assassin（暗殺者）

assassin はじつはアラビア語の複数形であって、「山岳の長老」（the Old Man of the Mountains）の命令の下に反対者を暗殺した、haschish（麻薬）の服用者たちを意味する haschin に由来する。一三〇七年イスラエル北西岸のアッカでエドワード一世を刺したのも、この一味の一人であった。

（前掲書五五頁より）

英語の中のラテン語

英語の中に入ってきたさまざまな外来語のうちでも、特別な位置を占めているのはラテン語に起源を持つ言葉です。

これには二種類あるといってよいでしょう。

わたしたちがラテン語を教わるというと、教会のラテン語はまたべつですが、大学などでふつう最初に勉強するのは、いわゆる古典期のラテン語です。つまり、ユリウス・カエサルやキケロのしゃべっていた言葉です。

しかし、どんな言葉もそうであるように、ラテン語も時とともに変化しました。人々は読み書きには相変わらず古典的なラテン語を使いましたが、話し言葉は「民衆ラテン語」とか「俗ラテン語」といわれるものに変わってきて、そこからフランス語、イタリア語、スペイン語、ポルトガル語、ルーマニア語など、今日「ロマンス系諸語」と呼ばれる言語が枝分かれしました。

したがって、ラテン語はフランス語のご先祖様であります。そうすると、前章で述べたようなフランス語由来の言葉は、煎じつめればラテン語由来ということになるわけです。この種の言葉を第一の種類としましょう。

第二の種類は、ラテン語がフランス語などを介さないで、もとの形のまま英語に入ってきているものです（ただし、発音は英語式に変わっていますが）。これもたくさんありますが、わたしたちに馴染み深いのは、たとえば、次のような言葉でしょう。

data

これはご存じの通り「資料」ですが、もともとの意味は「与えられたもの」ということで、単数形は「datum」。よく使われる「data」は複数形であります。

alibi

刑事ドラマによく出てくる「アリバイ」もラテン語でした。もともとは「べつの場所に」という意味の副詞です。

genius

ご存じの「天才」という言葉ですが、ラテン語の「genius」には本来「神霊」という意味があります。英語としてもよく使われる「genius loci」は「土地の霊」で、そこから転じて「土地の雰囲気」といった意味でも使われます。

exit

これもわたしたちがよく目にする「出口」という言葉ですね。これはラテン語で「外へ出る」という意味の動詞「exeo」の三人称単数現在形です。ですから、芝居の台本では「退場」の意味で使われています。その場合は動詞ですから、舞台から出てゆく人が一人なら「exit」ですが、複数のときは複数形で「exeunt」となります。

requiem

この言葉はキリスト教で死者のために行うミサ、またそのときに歌われる曲を意味します。歌い出しが「requiem aeternam dona eis（永遠の安息をかれらにお与えください）」という文句なので、こう呼ばれるのです。

a.m. p.m.

「午前」「午後」を表わすこの言葉は、それぞれ「ante meridiem」と「post meridiem」の省略形です。「ante」と「post」はそれぞれ「何々の前」「何々のあと」、「meridiem」は「正午」の意味ですから、「正午よりも前」「正午よりもあと」となるわけです。

alma mater

これは母校、ことに大学のことで、文字通り訳すと、「慈《いつく》しみ深い母親、慈母」となります。昔から、ヨーロッパの知識人は大学を優しいお母さんだと考えてきたのです。明治時代、東京帝国大学で哲学を教えたラファエル・ケーベル博士（一八四八―一九二三年）は、建物を造るために大学の美しい樹木をどしどし伐《き》ってしまう当局に対して、このように憤りを述べています。

そうしてそれが寛恕《かんじょ》されるような学府は『慈母《アルマ・マーテル》』の名に価《あたい》しない。それは『苛酷《かこく》な継母』(saeva noverca) であり、なおその上に兄弟殺しである、――何となればそれは我らの兄弟なる、尊《とうと》ぶべき樹木を殺すから。

（ラファエル・ケーベル『ケーベル博士随筆集』久保勉訳編　岩波文庫）

vice versa

「逆もまた然り」という意味のこの言葉は、ラテン語として読みますと「ウィーケ・ウェルサー」というふうになりますが、英語読みはおよそ「ヴァイシー・ヴァーサー」です。

一九世紀イギリスの名随筆家チャールズ・ラム（一七七五－一八三四年）の「初めての芝居見」という文章に、こんな一節があります。

> Fは油商の中でももっとも紳士的な人物で、大言壮語の癖《へき》はあったが、礼儀正しかった。およそ平凡な事実を言うにも、キケロの如く語った。ラテン語の二つの単語を始終口にしていたが（油屋の口からラテン語というのも異《おつ》なものだ）、私はその後勉強したので、彼の発音を矯《ただ》正すことが出来る。それは厳密に発音すると、ヴァイシー・ヴァーサー vice versâ となるべきだったが——あの頃の幼い私には、今日セネカやウァッローの文章の中で、この言葉を正しく読むのを聞くよりも——何かヴァース・ヴァースといった風に単音節化、ないし英語化した彼独特の発音の方が偉そうな印象を与えたのだった。

（チャールズ・ラム『完訳・エリア随筆Ⅱ』南條竹則訳　国書刊行会）

ヨーロッパの学問とラテン語

右の油屋さんの話などを読みますと、「須《すべから》く何々すべし」という漢語の表現を（しばしば間違った意味で）使う日本のおじさんたちを思い出しますが、両者の心理はまさに同じであります。すなわち、日本人がかつて漢語を学問の象徴と感じていたように、イギリスを含むヨーロッパの人たちには、長い間ラテン語が学問の象徴だったのでした。

それには、この言葉がローマ帝国滅亡のあとも、長い間西欧の文章語、共通語として使われてきたという背景があります。なにより、ヨーロッパ中世を支配したといってもよいローマ教会が、ウルガータ訳というラテン語訳聖書を絶対の権威として、儀式をするにも宗教を語るにも、万事ラテン語で済ませたことが大きかったでしょう。

ルネッサンス期に入ってからも、ラテン語の重要性は変わりません。

ご承知の通り、ルネッサンス以来の西洋の学問は、ギリシア・ローマの学問を学び直すこと――つまりは、ギリシア・ローマの古典を読むことから始まりました。ですから、知識人たちはギリシア語とラテン語の両方を勉強しましたが、ギリシア語よりもラテン語のほうがはるかに広く普及していました。

そのため、ルネッサンス期の名著として知られるものは、多くがラテン語で書かれています。コペルニクスもケプラーも天文学の本をラテン語で書きましたし、フランシス・ベーコンの『ノウゥム・オルガヌム』とか、トマス・モアの『ユートピア』、デジデリウス・エラスムスの『痴愚神礼讃』といった、世界史の教科書に出てくるような本もそうです。『デカメロン（十日物語）』で知られるボッカチオも、ダンテも、ペトラルカも、イタリア語の作品のほかにラテン語の作品を書いています。

また、ルネッサンス期には学者たちがギリシア語の古典をせっせとラテン語に訳しました。そうすると、ラテン語さえできれば、ギリシア・ローマ両方の古典を一通り読むことができたわけです。これはちょうど仏教の世界に『漢訳大蔵経』などという便利なものがあって、中国や朝鮮や日本やベトナムのお坊さんは、漢文さえ読めれば、梵語（サンスクリット）を知らなくとも、「法華経」だろうと「般若心経」だろうと一応読めたのと似ております。

みなさんは、英語に「grammar school　グラマー・スクール」という言葉があるのをご存じでしょう。

直訳すれば「文法学校」であります。

現代のイギリスでは一部の中等学校をこう呼びますし、アメリカでは一部の小学校のことをこう呼びます。もちろん文法ばかりではなく、いろいろな科目を教えるのですが、それなら、なぜ「文法学校」という呼び名があるかというと、一六世紀にギリシア語、ラテン語の文法を教えるためにつくられた学校の名前だけが、今日に残っているのです。

実際、昔の教育家たちは古い書物の権威を信じ、大事なことは何でも昔の本に書いてあると思っていました。だとすれば、そういう本が書かれている言葉さえ教えれば、教わった人は、それぞれ勝手に本を読めばよいわけであります。言い換えると、昔の学校の先生たちは、自分が教える語学のうちにあらゆる学問が包み込まれていると信じ、その教育に高い誇りを持っていたのでした。

ジョンソン博士とラテン語

ヨーロッパの知識人の古典語に対する尊敬をあらわす例として、一つ面白い人物のお話をしたいと思います。

一八世紀のイギリスにサミュエル・ジョンソン（一七〇九―八四年）、通称ジョンソン博士という文人がいました。貧しい家に生まれながら勉学をして文筆家となり、「ジョンソンの辞書」といわれる優れた英語辞典をつくった人で、当時の文壇の大御所といってもよい存在でした。

この人のまわりには、ジョンソンの学識と人柄を慕って、画家のジョシュア・レノルズ、哲学者で政治家のエドマンド・バーク、名優デヴィッド・ギャリックといった錚々《そうそう》たる名士たちが集まり、「文芸クラブ」あるいはただ「クラブ」と呼ばれるクラブをつくりました。そのメンバーの一人に、第二章でちょっとご紹介した『ウェイクフィールドの牧師』という小説や『負けるが勝ち』という喜劇で知られるオリヴァー・ゴールドスミスがいました。

ゴールドスミスはジョンソン博士よりも大分年下でしたが、四〇代の若さで病死してしまいました。やがて、彼の功績を讃えて、ウエストミンスター大聖堂に記念碑を置くことが決まり、ジョンソン博士がその文章を書くことになりましたが、何語で書くかということが問題になりました。

ゴールドスミスの友達の中には、それを英語で書くべきだと考える人もあったのです。ところが、ジョンソン博士は頑として、ラテン語でなければだめだと言い張りました。友人たちがおそるおそる碑文の内容について意見を述べたところ、内容に関してはみんなの意見を聞くけれども、「英語の碑銘なんかこしらえて、ウエストミンスター寺院を辱《はずかし》めることには、断じて同意せぬ」とジョンソン博士は言ったのです。学者文人の墓碑銘というものは、「いにしえの、永遠の言語」でなければならぬ。その人がたまたま生まれた国の言葉なんかにしてはいけない、というのでした。

永遠の言語——まあ、ラテン語は千数百年も使われたのですから、ジョンソン博士がそう思うのも無理はないかもしれません。しかし、一〇〇〇年使われた言葉も結局は滅びたわけです。ここ数十年かせいぜい一〇〇年、世界の覇権を握った英語は、果たして永遠の言語となるでしょうか。

旅先にて

くだんのジョンソン博士にとって、ラテン語は読み書きだけの言葉ではありませんでした。
博士は晩年、スレイル夫人という人と一緒にフランスを旅行します。フランス語はある程度話せたのですが、旅行中はあまりしゃべりませんでした。ジェイムズ・ボズウェルという若い友人が書いた『サミュエル・ジョンソン伝』に、その理由が説明してあります。次の一節をごらんください。

ヂョンスンはフランスにゐた間、大概はラテン語でしやべることに堅く決心した。不完全にしかしやべれない外國語をしやべつて品格を下げるものではない、といふのが彼の主義だつた。われ〳〵はすべて、ブロークンな外國語をしやべることにおいてどんなに品位が損ぜられるか、子供つぽく見えるか、に氣づいたことが屢々あるにちがひない。サー・チョシュア・レノルヅが王立美術院の晩餐會に於いて、彼を身分の大へん高いフランス人に紹介した時に、彼は敢へてフランス語をしやべらうとせずラテン語でしやべつた。但し相手の閣下は、多分ヂョンスンの英國式の發音法のせいであらう、それを了解できなかつた。

（ボズウェル『サミュエル・ヂョンスン伝』神吉三郎訳　岩波文庫）

ジョンソン博士は「ラテン語をしゃべるときは、素晴らしく流暢に、優雅にしゃべった」と右の文章のすぐあとに書いてあります。ラテン語にはそれだけ自信があったのでしょうが、この話は彼の人間心理に対する洞察をよく示していると思います。

一体に、言葉を流暢に話すかどうかは、その人の知性や品格とあまり関係がありません。単にその言葉を学習した期間が長いか短いか、若いときに始めたか、それとも年とってから始めたか、その人にとってその言葉をしゃべることがふだん必要であるかどうかなどを示すだけであります。

ですから、人間観察に長《た》けた人なら、訥々《とつとつ》としゃべる外国人と会っても、言っている内容から、どんな人かを想像します。「この人は言葉も下手だし、話すこともくだらない。愚かな人だな」と考えることもあるかもしれませんが、場合によっては、こうも考えます――「この人は言葉の壁があるから、この程度しか思うことを伝えられないけれども、いろいろものを知っていそうだ。言葉がもっと通じればいいのになあ――」

これに対して、子供はそういう斟酌《しんしゃく》をしません。大人でもあさはかな人は、訥々としゃべる人間を馬鹿のように思いますから、それなら何もしゃべらないほうがマシなわけです。そして世間にはあさはかな人のほうが多いことを、苦労人のジョンソン博士は身にしみて知っていたのでしょう。

英語化した古代ギリシア語

ところで、ギリシア語はラテン語ほど普及しなかったとはいっても、やはり人文学者にとって必須の語学でありましたし、また例のコイネーで書かれた『新約聖書』の研究や翻訳を通じて、ヨーロッパ近代の言葉に影響を及ぼしました。

ラテン語のように古代ギリシア語がそのまま英語の中に入って、定着した例もあります。

たとえば、次のようなものです。

Analysis　分析
aroma　芳香

atlas　地図
comma　コンマ
dogma　教義
nectar　神酒
synopsis　梗概

ちなみに、わたしたちがよく用いる「symposium　シンポジウム」という言葉は、ギリシア語「シュムポシオーン」のラテン語形です。シュムポシオーンは「共に飲むこと」という意味ですから、つまり宴会のことにほかなりません。

プラトンの『饗宴』という作品は、「愛《エロス》」を論じる哲学書として有名ですが、その原題がこれであります。あの中では、ソクラテスだのアリストパネスだのアルキビアデスだのといった当時の有名人が、一杯飲んでから語り合うのです。

今も大学などでよく「何々シンポジウム」というものを行いますが、この言葉の原義からすると、酒を飲まないのは邪道であります。いや、シンポジウムそのものの席では飲まなくともよいとしても、せちがらい当節では、そのあとの楽しい酒席もめっきり減ってしまいました。

英語とヘブライ語

ヨーロッパ人は長い間キリスト教を奉じてきましたから、かれらにとって聖書の言語は、何よりも大切な神の言葉だったわけであります。

聖書のうちの『新約聖書』はギリシア語（コイネー）、『旧約聖書』は大部分がヘブライ語（残りはアラム語）で書かれています。ヘブライ語は主に英語訳聖書を通じて、英語に影響を与えました。それには、表現と単語（借入）の二つの面があると思います。

表現のことを先に申しますと、まずヘブライ語的な語句の形があります。

たとえば、「king of kings」という言葉をみなさんはご存じでしょう。「王の中の王」、すなわち、「あまたの王のうちで、もっとも偉大な王」という意味です。新約聖書の「ヨハネ黙示録」などではイエス・キリストのことをさし、キリストの生涯を描いたハリウッド映画の題名にもなっています。

英訳聖書を読みますと、この「A of As」という表現がよく出てきます。「day of days」とか「lord of lords」「age of ages」などなど——これらはヘブライ語の表現を逐語的に訳したものです。

カインとアベル

それから、英単語の意味や用法への影響もあります。

たとえば、「創世記」第四章を見てみましょう。有名なカインとアベルの物語が語られるくだりです。

この二人はご存じの通りアダムとエヴァの息子たちです。二人がそれぞれ神に捧げ物をしたとき、神は弟アベルの捧げた羊を快く受けましたが、カインの捧げた果物は喜びませんでした。カインはそれを嫉妬してアベルを殺すのですが、この部分の一節（第四章第五節）をジェイムズ王の欽定訳聖書はこう訳しています。

But unto Cain and to his offering he had not respect. And Cain was very wroth, and his countenance fell.

文語訳聖書（明治訳）では、こうです――

カインと其供物《そのそなへもの》をば眷《かへり》み給はざりしかばカイン甚《はなはだ》怒り且其面《かつそのおもて》をふせたり

（『舊新約聖書』日本聖書協会）

ごらんのように文語訳聖書では、「his countenance fell」にあたる部分を「其面《そのおもて》をふせたり」と訳しています。

同じ箇所を関根正雄訳（岩波文庫）は「その顔を伏せた」、新共同訳聖書の日本語版でも「顔を伏せた」としていますが、新世界訳聖書の日本語版では「顔色は沈んでいった」と訳しています。これは明らかに解釈がちがいますね。

ヘブライ語原典の意味として、どちらが正しいかはわたしにはわかりません。そのことは念のためにご承知おき願いたいのですが、欽定訳の解釈は新世界訳と同じです。この箇所にある「fell」という言葉は自動詞「fall」の過去形ですが、『オックスフォード英語辞典』を引くと、「生気を失う」とか「憂鬱や落胆の表情を浮かべる」という語義が出てきます。

けれども、英語の「fall」にそんな使い方はもともとなかったので、これはヘブライ語の直訳的表現が英訳聖書を通じて英語の用法として定着したのでした。

「サイダー」はヘブライ語？

一方、ヘブライ語から借入された単語ももちろんありますが、ギリシア語やラテン語とちがって、宗教色の濃い言葉に偏っている点が特徴です。

わたしたちにすぐ思い浮かぶのは「Amen　アーメン」とか「Messiah　救世主」とか「Sabbath　安息日」といった言葉、それに天使たちの名前でしょう。

天使にはいくつも階級がありますが、そのうち「智天使」と日本語に訳される天使は英語では「cherub　チェラブ」、一番偉い「熾天使《してんし》」は「seraph　セラフ」であります。

これらはいずれもヘブライ語の単数形で、複数形は「cherubim　チェラビム（ラテン語でケルビム)」「seraphim　セラフィム」に変わります。日本人にはケルビム、セラフィムのほうが馴染み深いでしょう。わたしなどはこれらが複数形だということを長い間知らずにおりました。

天使がいれば、悪魔もいます。「Satan　サタン」はもともと「敵対者」という意味のヘブライ語です。「Belial　ベリアル」も悪魔の名前になってしまいましたが、本来「ろくでもないこと、ラチもないこと」といった意味の普通名詞でした。

「Leviathan　レヴィアタン」「Behemoth　ベヘモテ」という怪物もヘブライ語なら、天から降ってきた食べ物「manna　マナ」もそうです。

面白いのは、「cider　サイダー」という言葉がヘブライ語起源だということです。『旧約聖書』「民数記」第六章の冒頭に、こんな一節があります。

イスラエルの子孫《ひとびと》に告《つげ》て之に言へ男または女俗《ぞく》を離れてナザレ人《びと》の誓願を立て俗を離れてその身をヱホバに歸せしむる時は葡萄酒と濃酒《こきさけ》を斷ち葡萄酒の醋《す》となれる者と濃酒の醋となれる者を飲《のま》ずまた葡萄の汁を飲ず葡萄の鮮《なま》なる者をも乾《ほし》たる者をも食《くら》は

ざるべし

（『舊新約聖書』日本聖書協会）

ここにいう「濃酒《こきさけ》」の原語はヘブライ語「shekar　シェイカール」で、葡萄酒よりも「強い酒」であります。それがギリシア語の「σίκερα」、中世ラテン語の「sicera　シーケラ」、古フランス語の「cisdre、sidre」を経て、英語に入ってきました。

日本語でふつうサイダーと呼ぶものは子供向きの清涼飲料で、これでは原義とちがうことになりますが、イギリスのサイダーやフランスのシードルは、強くはないけれども、おいしい林檎酒であります。

第七章　英語の発音について

英語学習今昔

さて、これまでしてきたお話は、主として語彙に関することでした。

この章では話題を変えて、発音に関することをお話ししましょう。

世の中の移り変わりはまことに激しくて驚くばかりですが、英語学習をめぐる環境も、その例外ではありません。もうじき還暦を迎えるわたしのような人間の若い頃と現在との一番大きなちがいは、ネイティヴ・スピーカーの発音を聞く機会が素晴らしく増えたことだと思います。

その理由は、一つには世の中の国際化が進んで、都市に外国人が増えたこともありますが、何よりも大きい要因は、メディアの発達です。現在のわたしたちは日本にいても、その気になれば、ネイティヴ・スピーカーの英語をたっぷり聞くことができます。テレビをつければ、アメリカやイギリスのニュース番組やドラマが英語音声でいくらでも見られます。パソコンやスマホでも同様です。CDなどを使った教材もあふれて、辞書にもCDが付いているくらいです。

こんな今と較べると、昔はまことに不便でした。

たとえば、本を読んでいて、知らない単語が出てきたとします。その発音を知りたいと思ったら、現在ではインターネットの発音のサイトへゆけば、イギリス、アメリカ、カナダなどの人の発音を簡単に聞くことができます。しかし、昔はそんなことはできません。先生にきくことができればよいけれども、先生はいつもそばにいるわけではありません。それなら、どうやって勉強したかというと、発音記号を見たのであります。

「発音記号」の謎

今の若い方々は発音記号というものをあまり利用しなくなったようですが、わたしたちは違いました。

わたしは今でもおぼえています。小学生のとき、家庭教師をしてくださった先生が、わたしが中学に上がるとき、お祝いに英和辞典をくださいました。わたしは先生の前でさっそくページを開いてみました。すると、単語の見出しのあとに、アルファベットと似ているけれども、ちょっとちがう字が並んでいます。

「これが発音記号よ」と先生は言われました。「これさえ習えば、どんな言葉でも読めるのよ」

そうか、すごいなあ――わたしは感嘆の念を持って辞典を見つめましたが、今にして思うと、中学・高校の六年間、いや、大学に入ってからも、発音記号を十分に使いこなすことはできなかったのでした。

使ったことは、もちろん使いました。

「sound」の発音記号が「sáund」と書いてあれば、読みは「ソウンド」ではなくて「サウンド」です。「ague」の発音記号が「éigjuː」と書いてあれば、「アグエ」ではなくて「エイギュー」です。その程度のことはわかったのですが、発音記号の意味を全部頭に入れていたわけではなく、大雑把に使っていただけだったのです。

それはこちらがボンヤリしていたせいもあるでしょうが、会話を重視しなかった昔の教育では、発音記号の説明も十分ではなかったのだと思います。ですから、意味のわからない記号がいくつも残ってしまいました。

昔の英語教育に対する批判が何もかもあたっているとは思いませんが、ああいう点は明らかによくなかったと思います。

「ʒ」の仲間（グループA）					
綴り	casual	visual	measure	pleasure	azure
発音記号	kǽʒuəl	víʒuəl	méʒər	pléʒər	ǽʒər
片仮名表記	カジュアル	ヴィジュアル	メジャー	プレジャー	アジャー
代表的な意味の一つ	普段着の	視覚的な	測定する	快楽	紺碧

「dʒ」の仲間（グループB）					
綴り	job	judge	jade	perjury	angel
発音記号	dʒɔ́b	dʒʌ́dʒ	dʒéid	pə́:rdʒəri	éindʒəl
片仮名表記	ジョブ	ジャッジ	ジェイド	パージュリー	エインジェル
代表的な意味の一つ	仕事	裁判官	翡翠	偽証	天使

「ʒ」と「dʒ」

その、意味のわからなかった記号の一つに「dʒ」というのがありました。

いや、正確にいうと、「ʒ」という記号と「dʒ」という記号があって、片仮名で表記すれば同じ「ジャ」「ジ」「ジュ」「ジェ」「ジョ」となるのに、ある単語では「ʒ」が使われ、べつの単語では「dʒ」が使われている。同じ「ジャ」「ジ」「ジュ」「ジェ」「ジョ」なのに、どうして二つの記号があるのか、わたしには納得がいきません。

その例を、少し挙げてみましょう。

上の表には、上から順に、「綴り」「発音記号」「片仮名表記（もちろん、便宜的なものです)」「代表的な意味の一つ」を記してあります。

記号がちがうということは、もちろん、発音もちがうのです。わたしはずっと後年になって、このあたりまえのことに気づきました。

みなさんはいかがですか?

もし「グループA」と「グループB」の「ジャ、ジ、ジュ、ジェ、ジョ」をまったく同じように発音していたら、あなたの英語は訛っているといわなければなりません。ネイティヴ・スピーカーは、この二つを区別してしゃべっています。

では、どのように区別しているのでしょうか?

それをご説明するには、「シャ」と「チャ」の区別を考えていただくのが一番わかりやすいかと思います。

「シャ」と「チャ」

英語の発音記号に「ʃ」という、まるでSがあくびをしたような記号があるのをご存じでしょう。たとえば、「shape」の発音記号「ʃéip」に出てきます。

これは日本語の「シャ、シ、シュ、シェ、ショ」の子音と大体同じ音をあらわします。一方、この「ʃ」の前に「t」がついて「tʃ」となると、「チャ、チ、チュ、チェ、チョ」の子音と大体同じ音をあらわします。たとえば、「chance」の発音記号「tʃæns」でありま す。

イギリス人やアメリカ人が「ʃ」と「tʃ」を使い分けるように、わたしたちは日本語で「シャ」と「チャ」を使い分けていますよね。ところが、これに濁点がついて、「ジャ」と「ヂャ」になると、区別がつかなくなります。

今、「濁点」と申し上げたのはものの譬えで、「有声音」になると、という意味でいったのです。

どういうことか、ご説明しましょう。

ご存じの通り、わたしたちの喉には声帯というものがあって、声を出すとき、この声帯が震えます。声帯が震えているかどうかをたしかめるには、喉にさわってみればよろしい。指に振動を感じますから。

さて、この声帯を震わせて出す音を「有声音」といい、震わせないで出す音を「無声音」といいます。息をただハーッと吐けば音は出ますが、それは無声音です。「ワーッ！」と叫べば、有声音です。

英語の子音「ʃ」、「tʃ」は無声音ですが、口の形や舌の動きや位置などはまったく同じで、声帯を震わせますと、「ʒ」「dʒ」という有声音になります。英語ではこれを区別していますが、日本語ではこの区別を意識しておりません。日本語の「ジャ、ジ、ジュ、ジェ、ジョ」の子音は大体英語の「dʒ」の音であります。「ʒ」とどこがちがうかというと、発音するとき、舌の先が歯茎につきます（「ʒ」はつきません）。ただし、日本語でも単語の途中では「ʒ」が現われることもありますが、わたしたちはふつうその差を意識していないのです。

フランス語の「我 ju」

そういうわけで、わたしたちは特別な注意を受けませんと、英語に「ʒ」の音があることになかなか気がつきません。「dʒ」の音を期待していて、「ʒ」が聞こえてくると、何だかよくわからないと感じたりするわけであります。

気がつかないのにはもう一つ理由があります。

右に挙げた例だけでは数が少なくてわかりにくいでしょうが、ためしにみなさん、手元の英語辞典を開いて、発音記号のところをごらんになってください。「dʒ」の音は単語の頭にも出てくるし、途中にも出てくるのに対して、「ʒ」は単語の頭にはけして出てこないことにお気づきになるでしょう。

そうです。英語はそういう言葉なのです。

けれども、この音が単語の頭に出てくる言葉もあります。フランス語がそうであります。フランス語を勉強した人は、習いはじめの頃に、「aimer　愛する」という動詞の現在形の活用を練習したのを覚えておいででしょう。

我は愛す《ジェーム》	君は愛す《チュエーム》	彼は愛す《イレーム》
j'aim	tu aim	il aim
我々は愛す《ヌーゼーモン》	君達は愛す《ヴーゼーメー》	かれらは愛す《イルゼーム》
nous aimons	vous aimez	ils aims

今、「ジェーム」と片仮名でルビを振りましたが、「j'aim」を日本語式に「ジェーム」と発音すると、先生に直されます。

「南條君、フランス語のjəはジュじゃありません。もっと柔らかく発音してください」

「こうですか？（発音する）」

「いや、違う。もっと軽く（手本を示す）」

「こうですか？（発音する）」

「もっと軽く」

「こうですか？（発音する）」

「違うなあ。ねぇ、頼みますから、ジュといわないでください。いっそシュに近いくらいでいいです」

　こんな調子で何度か繰り返していると、ようやく「ʒ」の発音ができるようになります。フランス語の学習では、なにしろこれはいろはの「い」ですから、印象が鮮烈で、なかなか忘れるものではありません。わたしが自分の英語の発音を直さなければと思ったとき、

「z」の仲間（グループA）					
綴り	zoo	zero	visible	easy	rise
発音記号	zúː	zíərəʊ	vízəbl	íːzi	ráiz
片仮名表記	ズー	ジアロウ	ヴィジブル	イージー	ライズ
代表的な意味の一つ	動物園	（数字の）ゼロ	目に見える	易しい	（日が）昇る

「dz」の仲間（グループB）					
綴り	odds	AIDS	nods	winds	rides
発音記号	ɔ́dz	éidz	nɔ́dz	wɪndz	ráidz
片仮名表記	オッズ	エイズ	ノッズ	ウインズ	ライズ
代表的な意味の一つ	見込み	後天性免疫不全症候群	うなずく（動詞の三人称単数現在形）	wind（風）の複数形	（自転車に）乗る

このことが「ʒ」という音の存在に気づかせてくれました。

「z」と「dz」

英語には、これと似た例がもう一つあります。発音記号の「z」と「dz」の区別です。やはり、両者が出てくる単語の例を表にして並べてみましょう。

「z」と「dz」は、それぞれ無声音の「s」「ts」に対応する有声音です。さきほど使った譬えを繰り返せば、「す」「つ」に濁点がついたものだといいましょうか。

現代日本語の「ザジズゼゾ」は、単語の途中では「z」になることがあるけれども、おおむね「dz」のほうです。すなわち舌の先を歯茎につけるほうです。ですから、わたしたちは日頃使わない「z」の音を意識して出す練習をするのがよろしい。「動物園　zoo」という単語の発音を、ネイティヴ・スピーカーの発音を聞きながら練習してみることをお勧めします。

歴史的仮名遣いの現代的意義について

ちなみに、右に述べた「ʒ」と「dʒ」、「z」と「dz」の区別は、現代の日本語にはなくなってしまいましたが、昔の日本語にはありました。

旧仮名遣い、すなわち歴史的仮名遣いを思い出してください。

新仮名遣いでは「じ」「ず」とされてしまったけれども、もとは「ぢ」「づ」だった言葉がたくさんあります。旧仮名遣いで「じ」と「ぢ」、「ず」と「づ」を使い分けている例を挙げてみると――

主人《しゆじん》　実子《じつし》　冗談《じようだん》　まじる

戦場《せんぢやう》　地獄《ぢごく》　姫路《ひめぢ》　お嬢様《ぢやうさま》
日数《ひかず》　疵《きず》　葭簀《よしず》　聞こえず
夕月《ゆふづき》　家造《やづくり》　恥《は》づかしき　沈《しづ》む

このように違う文字を使い分けていたのは、ダテや酔狂ではありません。昔は発音が違ったから、別の字を使ったのです。

といっても、その発音は時代につれて変化しました。「ぢ」は奈良時代には「di」の音であり、「づ」は「du」の音でしたが、後世になると「dʒ」「dzu」の音に変わってきます。それでも、「じ」「ず」との区別があることは変わりません。

国語学者の橋本進吉は「国語音韻の変遷」という文章で次のように述べています。

「ぢ」「づ」は室町末期まではdji dzuの音であり、「じ」「ず」はji zuの音であって両者の間に区別があった。（中略）しかるに江戸初期においてはこれを全く混同するにいたった。

（橋本進吉『古代国語の音韻に就いて他二篇』岩波文庫）

昔の片仮名表記について

こうして「ʒ」「dʒ」「z」「dz」のちがいを整理しているうちに、一つ思いあたったことがあります。それは英語の片仮名表記の問題です。

外国人の名前などの古い表記を見ると、現在の表記に慣れているわたしたちは怪訝《けげん》に思ったり、時には噴き出したくなったりすることがありますね。「ゲーテ」が「ギョエテ」だったなどは、その端的な例です。

英語でも、たとえば「James」という名前を片仮名に表記するとき、今ではたいていジェームズと「ズ」を濁らせますが、古い書物や新聞などでは「ジェームス」とか「ゼームス」という表記がよく見られます。わたしは以前、それを単純な間違いなのだろうと思っていましたが、今は考えを改めました。

「James」の発音記号は「dʒéimz」であります。最後の子音の発音は「z」ですから、「ズ」

とするのが当然のように思われますが、前に申し上げたように、「z」は「dz」——日本語の「ズ」——ではありません。もっと軽い発音で、舌の位置や動きは「ス」と同じです。しかも、言葉の終わりは軽く発音されがちですから、耳で聞いた印象では「ス」のように感じられることもあるでしょう。それで「ジェイムス」という表記が行われたのだとわたしは考えています。

もう一つ気がついたのは、「ヅ」と「ヂ」の使い方についてです。

イギリスの有名な詩人でWilliam Wordsworthという人がいます。一八世紀の末から一九世紀の初めに活躍した、いわゆる「ロマン派」の詩人で、自然や田園生活を美しく歌った作風が我が国でも愛されました。この人の姓は、現在ではふつう「ワーズワース」とか「ワーズワス」と表記されますが、昔の本を見ると、「ウオルヅウオルス」という表記があります。「wor」を「ウオル」と表記したのはわかるとして、なぜ「ウオルズウオルス」ではなく「ウオルヅウオルス」なのでしょうか?

発音を調べてみますと、Wordswotrhの「ds」は「z」でなく「dz」であります。だから、例の旧仮名遣いの流儀に従うと、「ヅ」が正しい。「Cambridge　ケムブリッヂ」「Coleridge

コウルリヂ」などの「ヂ」も同様です。こうした言葉が入ってきた明治時代、日本人は旧仮名遣いを使っていました。ですから、これらは原語の発音に即した周到な表記だといえるでしょう。

余談ですが、ウイスキーを「ウヰスキー」と表記することが今でもありますね。あれは「ゐ」「ヰ」が昔は「wi」の音だったからで、こうした細かいことにも、欧米の文化を一生懸命取り入れた先人が、古代日本語の知識まで動員して工夫を凝らしたあとが見て取れます。

歴史的仮名遣いも、骨董品としてしまっておくだけでなく、日本語・外国語を含めた言葉の世界を考えるために、もっと生かせないものでしょうか。

「g」と「ng」

もう一つ日本語の話をさせてください。

日本語に鼻濁音というものがあることは、みなさんご存じでしょう。「何々が」というときの「が」がそうで、「んが」というふうに鼻に抜ける柔らかい響きの音です。「鵝鳥《がちょう》」

とか「外国」とかいうときの「が」とは違います。方言によっても異なりますが、標準語にはこの音があるので、今もテレビやラジオのアナウンサーなどは気をつけて使っている人が多いようです。

この「が」と「んが」の区別を心に留めておくと、英語を発音する上で役に立つことがありのます。それはこんなわけです。

昔、わたしが大学受験の勉強をしていた頃、テストに次のような意地の悪い問題が出ました。

問　次の四つの中から、発音の上で、一つだけ他と種類が違うものを選びなさい。

1　singer
2　finger
3　ringer
4　stinger

正解は2番の「finger」ですが、わたしにはどうしてなのか納得がいきませんでした。

みなさんも、なぜだろうとお思いになりますか？　それでは、この四つの単語の発音記号を次に書いてみましょう。

1　síŋə

2　fíŋgə

3　ríŋə

4　stíŋə

そう、ここにもまた「ŋ」と「ŋg」の二つの記号が出てきましたね。このうち「ŋ」は鼻濁音の「んが」のように柔らかく発音しますが、「ŋg」は「ガチョウ」の「ガ」のように強く発音します。わたしはこのちがいを知らなかったため、辞書に載っている発音記号にもよく注意しなかったのです。

英語の「g」は「George」「gentle」のように「dʒ」（ジャ、ジ、ジュ、ジェ、ジョ）と発音する場合と、「anger」「eager」「languid」のように「ガギグゲゴ」と発音する場合、それにこの「ŋ」になる場合があります。

前述の問題の1と3と4は、それぞれ「sing」「ring」「sting」という動詞の語尾に「――するもの」を意味する「er」という接尾辞がついてできた名詞です。この種の「――inger」族の「g」はみな「ŋ」と発音しますから、そのことを知っていれば、この問題は解けるわけです。

年輩の読者の方は『雨に唄えば』というミュージカル映画をご存じでしょう。

あの中に、主役のジーン・ケリーが主題歌「雨に唄えば　Singing in the Rain」を踊りながら歌う名場面がありますね。

I'm singin' in the rain
Just singin' in the rain
What a glorious feelin'

I'm happy again,

………………

この歌には鼻にかかった「ŋ」の音がたっぷり出てきますから、この名画をもう一度、ビデオか何かでごらんになってみてはいかがでしょう。

「n」と「ng」

これは昔、わたしが電気通信大学に勤めていたときのことです。

あるとき、東南アジアの留学生が、わたしの研究室にやって来ました。

レポートの課題のことで質問があったのですが、用が終わって雑談をしているとき、その学生が日本語についてわたしにたずねました。ミカンだったかキンカンだったか忘れてしまいましたが、とにかく「ん」で終わる日本語の単語を紙に書いて、「この『ん』の発音は『n』ですか？『ng』ですか？」とたずねるのです。

「なるほどな」とわたしは思いました。そういう質問をするのももっともだと思ったのです。

その頃、わたしはちょうど中国語の勉強を始めたところでした。

ベトナム語や朝鮮語もそうですが、中国語は、語尾の「n」と「ng」の区別が厳格な言語です。

たとえば、「単」と「当」の中国語の発音を片仮名で書けば、どちらも「ダン」になってしまいますが、拼音《ピンイン》（中国語表音表記法）で表記すると、「単」は「dān」ですし、「当」は「dàng」で、発音が違います。間違えると意味が通じません。例の学生の母国語もそういう区別のやかましい言葉だったために、どっちだろうと思ったのでしょう。

この両者の違いをご説明するのに恰好の例があります。

みなさん、「案内」と「案外」という言葉を口に出してみてください。「アンナイ」の「アン」といったとき、舌の先は上の歯茎のあたりについています。これが「n」の発音です。

一方、「アンガイ」の「アン」といったときは、舌の中ほどを持ち上げてはいるけれども、舌先を歯茎のあたりにつけてはいません。これが「ng(ŋ)」の発音です。

じつをいうと、日本語の単語のおしまいの「ん」は有声口蓋垂鼻音《こうがいすいびおん》といって、「N」という記号で表わされ、「n」とも「ng」とも違います。わたしは当時それを知らなかったので、「ngだろう」といって、学生を帰しました。

今思えば、間違ったことを教えてしまったので申しわけない――「おおい、あれはちがう音だったぞう！」と声がとどくものなら、いってあげたいところです。

それはともかくとして、この学生が帰ったあと、わたしはふと思いました。そういえば、英語の語尾に「n」がくる場合、その発音は「n」であって、「ng」ではありません。けれども、日本人の学生はたいてい両者を区別しませんから、英語の「one」を日本語の「ワン」のように発音する。通じることは通じるかもしれないけれども、大分響きがちがってきます。英語の「one」は、むしろ「ワヌ」の「ヌ」を軽くいうくらいのつもりでよいのです。

以上申し上げたことは、ささやかですが、わたしが英語以外の言葉に対する関心から気づいた、英語の発音上の注意点です。

こういうことは、英語の音声学を学べば、みっちり教えてもらえますけれども、正道よりも、わき道で何かを見つけるほうが心に残る場合もあります。

たとえ「ものに」しないまでも、かい撫でるだけでも、さまざまな外国語に触れることをお勧めしたいのは、こうした楽しみがあるからなのです。

第八章　コンプレックスをなくそう

「話せる」「話せない」の二分法

前の章では英語の発音について、こまかいチマチマしたことを申しました。それとこの章で申し上げることとは一見、矛盾するように思われるかもしれません。しかし、それは「勉強」ということと「応用」ということのちがいであります。「勉強」は細心にコツコツやるべきであります。その結果を自由に堂々と「応用」するべきであります。それが語学の持つ二つの面だと思って、このあとの話をお聞きください。

英語の学習、とくに英会話について考えるとき、無視できない一つの問題があります。それは、日本人の多くが根強く持っている、英語——というより、英会話——へのコンプレックスで、これが実力を伸ばす妨げになっている点は馬鹿にできないと思うのです。外国人から話しかけられると逃げてゆく日本人が、ドラマなどによく描かれていますが、あれは絵空ごとではなく、現実に、そういう人も少なくありません。

このようなコンプレックスが生まれた背景には、まわりを海に囲まれた島国であることや、徳川幕府の鎖国といった歴史的要因も含めて、さまざまな事情がからみ合っていることでしょう。ですが、今はそうしたことを論議するのはやめて、現在のわたしたち日本人の心理を振り返ってみましょう。

自分は英語ができないから恥ずかしい。だから、外国人としゃべりたくない。だから、なおさらできるようにならない――こういった悪循環があることはどなたもお気づきだと思いますが、この悪循環の中で一役演じている悪玉《あくだま》は、英語が「できる」「できない」――あるいは、「しゃべれる」「しゃべれない」という二分法的な発想ではないでしょうか。

「ペラペラ」ということ

わたしたちがよく使う言葉に、「英語がペラペラだ」という表現がありますが、これなども今申し上げた二分法的発想をあらわしています。

ある言葉がまったくわからない人から見ると、ある程度わかる人は何でもわかっているように見えるものです。たとえ、その人が相手に通じないことを勝手にまくしたてたとしても、通じていない、というそのことがこちらにはわかりませんから、「あっ、すごいな！　ペラペラしゃべってる！」と考えてしまいます。

けれども、これをネイティヴ・スピーカーの側に立って考えてみてください。

あなたは日本語のネイティヴ・スピーカーです。

そのあなたに外国人が日本語で話しかけたとしましょう。

あなたは、相手のいうことを聞いて、いろいろと思うでしょう。

「おや、この人の日本語は立派だな。まるで日本人のようだ」とか、「この人はペラペラしゃべるが、いっていることが半分くらいしかわからない」とか、「この人は簡単なことは話せるけれども、複雑な内容は無理みたいだな」とか——

仮に相手の日本語に点をつけるとしますと、中には九〇点の人もいれば、五〇点の人も、三〇点も、一〇点もいるでしょう。

しかし、たとえ一〇点でも、その一〇点分は日本語ができるわけであります。九〇点をとった人も、やかましいことをいえば、ネイティヴ・スピーカーとはちがいます。言葉とはそういうものであって、一〇〇点の人と〇点の人に二分できるわけではありません。

わたしたちのしゃべる英語にしても、もちろん同じです。

これをもしも「できる」「できない」の二つに分けたいならば、「何点以上が『できる』

だ」などというのではなく、英語を使って用が足りるか足りないか、目的を達成できるかどうかを基準にするべきであります。

香港の通訳さん

「ペラペラ」という言葉で、一つ思い出した笑い話があります。脱線になりますが、ちょっとお話しいたしましょう。

わたしの習いごとの先生で、J先生という方がおられます。この先生が、あるとき、仕事で香港へ行かれました。

J先生は若い頃米軍の通訳をしていた方で、英語はお得意ですが、香港で会った相手の人は広東語しか話せません。それで日本語の通訳を先方が呼んでくれました。

そうして仕事の話を始めたのですが、呼んでくれた通訳氏はちっとも役に立たないのです。日本語ができるといっても、限られた範囲の言葉しかわからなくて、J先生たちの話す専門的な内容はさっぱり理解できない。相手方が技術の話をしているのに、お天気の話をしたり、「今夜は何を食べますか」などと訳したりする。

J先生は困ったなと思いましたが、その人のメンツをつぶすわけにもいきませんから、その場は何とか穏便に済まし、あとで筆談に変えたそうであります。

たしかに、この通訳氏なども、「ペラペラ」しゃべることはしゃべったのでした。

言葉と意志

一方、こんな話もあります。

わたしの知人で、くだんのJ先生の教え子であるH君という人が、学生の頃――まだソビエト連邦があった時代に、シベリア鉄道に乗ってヨーロッパへ行きました。

この鉄道も今は何日かかるのか知りませんが、当時は一週間以上の長い列車の旅で、当然、いろいろな人と乗り合わせました。相客のうちには、もちろんロシア人もいれば、カザフ人も、キルギス人も、ウズベク人もいます。それぞれ母国語を異《こと》にする人たちです。

そうした人々が、H君もまじえて、みんな一緒におしゃべりをするとき、何語をその場の共通語にしようかということになりました。

旧ソ連邦ではロシア語がリンガ・フランカでしたが、H君はロシア語が話せません。それで英語を使うことに決まりました。そうしてしゃべってみたら、意外にもH君が一番英語が上手だったそうです。H君はそれ以来、自分の英語に自信を持ちました。

このH君よりも英語が上手なC君という人を、わたしは知っています。

C君は若い頃、ロンドンに留学し、やはり留学生だった外国のお嬢さんと結婚しました。二人はその後もイギリスでしばらく過ごしたのですが、お嫁さんはC君よりももっと英語が上手で、ネイティヴ・スピーカーに近い人です。その奥さんと、イギリス人の友人たちと一緒に話をしていると、自分だけが英語ができない、通じないと感じて、C君は落ち込んだそうです。

このように、「できる」「できない」は相対的なものです。どういう種類のコミュニケーションをするかによって、基準が変わってきます。大事なことは、その基準と自分の実力とを照らし合わせて、使える範囲では英語という道具をどしどし使うことです。それが実力の向上につながります。

ところが、先に述べたような二分法的発想――「できる」「できない」という発想にとらわれていますと、英語が完璧にできないうちは使わないという態度につながる。それでは順序が逆であります。実際にしゃべるから上手になるので、上手になってからしゃべるのではない。正しいきれいな言葉を話そうという心がけは結構ですが、きれいな言葉が話せるようになるまで実際に使わないというのは、いわば、免許皆伝のお免状をもらってから、剣術を稽古しようというようなものであります。

へたな英語

いわゆる「へたな英語」には、二つのレベルがあるとわたしは考えています。

その一つはこちらのいいたいことが通じない英語、もしくは誤解されてしまう英語です。いいたいことが通じないのは、やはり困ります。その原因は、知っている言葉の数があまりにも少ないとか、言葉を組み立てることができない——すなわち文法が身についていない——などのことですから、もっと言葉や言いまわしを覚えて、文法も最低限身につけなければなりません。

誤解を招く英語というのも、場合によっては全然通じないよりも困ります。通訳が間違えたために、国と国が戦争になったりしてはよろしくない。

けれども、このレベルを超えて、もちろん、こまかい感情のキビのようなものは表わせなくとも、大筋で問題が起きない程度に意思疎通ができるようになったら、そういう人は、外国人である自分の英語が訛っていることを気にする必要はないと思います。

英語圏や国際社会で活躍している人は、英語のネイティヴ・スピーカーだけではありません。テレビに出てくる外国の政治家やビジネスマンの英語を聞いてごらんなさい。たとえばフィリピンの某大統領などは、かなり、というよりもモノスゴク訛った英語を使っていますが、それはそれでいいのであります。

フランス訛り

訛りといえば、こんな話を思い出しました。

わたしの知人に甘木さんというお嬢さんがいます(仮名です)。

甘木さんのご両親は日本人ですが、長年パリに暮らしています。甘木嬢もパリに生まれ、日本語もフランス語も流暢に話せるようになりました(どちらが彼女の母国語なのかは、わたしにはわかりません)。フランスの高校を卒業してから日本の大学に入り、その後、さるトレーディング・カンパニーに就職しました。

職場では毎日英語を使って仕事をしています。甘木さんはもちろん、フランスでも日本でも英語を習いましたから、全然使えないわけではありませんでしたが、初めのうちは苦労しました。

そのことをお父さんに言ったら、英語の達者なお父さんは、

「そんなら、今度ロンドンへ行くから、いい教材を買ってきてやる」

といいました。

しばらくして、小包が届いたので、開けてみると、入っていたのは、「猿でも読めるシェイクスピア」——だかどうだか知りませんが、何でもそんな趣旨の題名がついた本でした。左のページにシェイクスピアの原文が、右のページにそれを現代英語に直したものがのっています。

「ナニ、あれ?」

と国際電話でお父さんにきくと、

「シェイクスピアさえものにすれば、英語なんか大丈夫だ」という返事。

甘木嬢は啞然《あぜん》としたそうであります。

さて、その甘木嬢があるとき、わたしにいいました。

「あたしね、よくアメリカ人やカナダ人にいわれるの。あなたは名前からすると日本人のようだが、なぜフランス訛りの英語をしゃべるんだって」

わたしはたずねました。

「へえ、フランス訛りって、どういうものなの？」

甘木嬢の説明によると、次のような特徴があるのだそうです。

第一に、「H音」が抜ける。

これは、わたしにもよくわかります。フランス人は「H」の発音が非常に苦手なのです。ですから、フランス語のアルファベットにHの字はありますが、読みません。「hachette 斧」はアシェットですし、「hiver　冬」は「イヴェール」です。

第二に、「r」の発音がフランス風になる。

フランス語を習った人はご存じでしょうが、フランス語のrは英語のrとちがうのはもちろん、ちょっと「らりるれろ」とは懸け離れた音です。うがいをするときのように、喉の奥を震わせて特殊な音を出します。日本語でいうと、むしろ、「は」行に似ていなくもありません。

昔、画廊を経営している高橋さんという方にお目にかかって、名刺をいただいたら、その名詞にはギャラリー「Takarashi」と記してありました。

そのわけをきくと、こういうことでした。高橋さんは仕事でよくフランス人と会うのですが、「Takahashi」と書いた名刺を渡すと、相手は必ず「タカアシ」と読んでしまいます。それなら、むしろ「Takarashi」としたほうが、フランス人の発音は「タカハシ」に近い、というのでした。

第三に、アクセントが平板である。これは単語に英語のような強い強弱アクセントがないからであります。

第四に、「ション」が「シオン」になる。たとえば、「コンディション」が「コンディシオン」になってしまう。これも、何となくわかりますね。

第五に、英語の「dʒ」の音が「ʒ」になる。たとえば「just」の「j」であります。このことは前の章でお話ししました。

甘木嬢の英語には以上のような特徴があって、日本人には気づかれなくても、英語を母国語にする人たちは、さすがにすぐわかってしまうのだそうです。

ネイティヴ・スピーカーの悲哀

母国語が英語である、英語のネイティヴ・スピーカーであるということは、現代の世の中ではやはり恵まれたことです。自然と身についた言葉で、世界中どこへ行っても用が足ります。もちろん、どこか外国の文化を研究するといった目的がある人はべつですが、さもなければ一生外国語など勉強しないでもよいのですから。

それについて思い出すのは、昔、友人と韓国のソウルへ行ったときのことです。もう四半世紀も前のことになりますから、現在ではよほど事情が変わっているでしょうが、そのときはタクシーに乗っても、英語があまり通じなくて困りました。

ところが、ある晩、ソウル大学の前で拾ったタクシーの運転手さんは銀髪の老人で、まるで昔の学校の校長先生のような、折目正しい日本語を話しました。

その人は戦前日本語教育をうけた世代だったからで、しばらく前には、韓国にも台湾にもそういうご老人が大勢いたのであります。そのような現象を生んだ歴史的ないきさつはともかくとして、外国の人がこうして自分の国の言葉を話してくれるというのは、じつに居心地がよい。イギリス人やアメリカ人はいいなあ、としみじみ思いました。

居心地のよさだけではありません。世界中が自分の母国語を使ってくれるなら、仕事の上でも、学業の上でも、もちろん非常に有利なわけです。外国語を身につけるために費やす長い時間と膨大な労力を、べつのことにふり向けられるのですから。

けれども、そうした世界語の民であることが必ずしもいいことずくめではないらしいのに、最近気づきました。

英語が「リンガ・フランカ」となってきますと、ネイティヴ・スピーカーのうちでも言葉遣いに敏感な人にとっては、思わぬ問題が起こってきます。それは自分の言葉が次第に掘り崩される不快感、文化が侵食される不快感とでもいえばいいでしょうか。

どういうことか、ご説明しましょう。

イギリス英語と各国の英語

ご存じのように、わたしたちが「クイーンズ・イングリッシュ」と呼んでいるイギリスの標準語とアメリカの英語は少し違います。とくにちがいが目立つのは母音とアクセントで、もちろん、互いに通じないことはありませんが、印象はずいぶん異なる。発音だけでなく、「colour」と「color」のように綴り方も少しちがうし、単語の意味でも、イギリス式の使い方、アメリカ式の使い方というものが若干あります。

大英帝国華やかなりし頃——第一次世界大戦前のイギリス人は、おおむねアメリカ人の英語を馬鹿にしていました。

オスカー・ワイルドの「カンタヴィルの幽霊」という短篇小説に、こんな一節がありま す。オーティス夫人というアメリカ公使夫人について語る文章ですが、ちょっとごらんください。

実際、彼女は多くの点でまったくイギリス人同様であり、当節、我々があらゆるものを——もちろん、言語だけはべつだが——アメリカと共有していることの見事な実例だった。
（オスカー・ワイルド『カンタヴィルの幽霊／スフィンクス』南條竹則訳　光文社古典新訳文庫）

遠回しにいっていますが、英米両国はほかのことは共通でも、言語だけは同じでない――つまり、アメリカ英語は英語ではないということであります。

こんな意地悪なことをいっていたイギリス人でしたが、二〇世紀になってアメリカが強大な覇権国家になると、そう偉そうにしてもいられなくなりました。

一方、かつてイギリスの植民地だった国々、たとえばシンガポールやインド、ナイジェリアなどでは、イギリス英語を公用語として使っていましたが、時が経つにつれて、しぜん、これらの国の英語にも独特の訛りが生じてきます。いわゆるインド英語やシンガポール英語といったものです。

このような状況になりますと、自分の話す英語だけを本物だ、本家本元だといっていられなくなります。世界の大多数の人々に、なんて了見の狭いやつだ、チッポケなやつだと思われてしまうからです。

これはアメリカ人にとっても同じことです。ですから、今日イギリスやアメリカの知的な、礼儀正しい人には、「これが正しい英語だというものはありません」という人が少なくありません。もちろん、本心からそう思ってはいないかもしれませんが、そういうのが国際社会の礼儀だと心得ているからです。

日本人が訛った英語をしゃべることを怖がるのは、ネイティヴ・スピーカーに笑われはしないかという恐怖心のせいでしょう。実際に英米人も、あいつの英語は下手だとか、訛りがひどいとかいうことを仲間内ではいいます。しかし、それは本来公の場でいうべきことではないので、わたしたちがあまり気にする必要はないのです。そういうことを外国人にいわせて喜んでいるテレビ番組などもありますが、あれは下品な趣味であります。

固有名詞の変な発音

さて、そうした礼儀正しい謙虚な態度は、英語を学ぶ外国人にとってはありがたいものですが、ネイティヴ・スピーカーご当人にとっては、やはり腹ふくるるわざでありましょう。

外国人が変な発音をすれば、やはり可笑《おか》しいし、突拍子もない間違いをやらかせば、笑いたくなるのは人情です。現に、正直な子供はすぐ笑います。

可笑しいのはまだいいけれども、不愉快な場合もあります。

人間には耳慣れない新語や、知っている言葉でも、自分が使うのとは異なる形、異なる発音を嫌う性質があります。だから、昔から年寄りはいつも、若い者の言葉遣いが乱れているといって叱言《こごと》をいう。これは必ずしも意地悪がしたいためではなくて、聞きづらい——つまり、不愉快だからであります。

年寄りにとって、若者の新しい言葉に自分たちの慣れ親しんだ古い言葉が追いやられるのは、大袈裟にいうと、自分の文化、ひいては自分の存在を否定されるような心地がします。同じ国の新旧の世代でも、そうしたことが起こるのですから、ましてや、外国人が自分の国の言葉を変なふうに使って、それがそのうち多勢に無勢で主流になってしまうとしたら、どんな気持ちがするでしょうか？

そういった現象は、言葉のあらゆる局面で起きるでしょうが、固有名詞の読み方などもそうです。

オタクの聖地・秋葉原を若者は「アキバ、アキバ」といっていますが、あの町の正式名称は「アキハバラ」です。だから、中には、「アキバ」という呼び名を不愉快に思われる方もいるかもしれません。

ところが、じつは、この「アキハバラ」という呼び方も、いわば行政が押しつけたものなのです。

このあたりは昔、火災に遭ったため、火除けの神様を祀りました。日本で火除けの神様といえば秋葉《あきば》大権現と相場が決まっていますから、以来、この土地は「アキバハラ」とか「アキバッパラ」と呼ばれていました。ところが、明治二三（一八九〇）年、当地に駅が開設される際、駅名がなぜかアキハバラになってしまい、それが定着したのですが、古い世代の人々にとって、ここはやはり「アキバハラ」でした。明治生まれのわたしの祖母なども、そういっていました。

アキハバラとアキバハラの違いなどは、マア可愛らしいものですが、イギリスの地名となると、もっと大変なことが起こります。

みなさんも英語を習われたとき、綴りに苦労なさったでしょう。英語は文字を綴り通りに読まない言葉であります。ふつうの言葉でもそうですが、地名や人名といった固有名詞となると、それがはなはだしい。

少し例を挙げてみましょう。

侯爵家の家名である「Cholmondeley」は、字面を見ると「コルモンドリー」とか「チョルモンドリー」とでも読みたくなりますが、何と「チャムリー」と読むのです！

やはり家名の「Marjoribanks」は、素直に読めば「マージョリバンクス」でしょう。それも可愛らしい名前だと思うけれども、正しくありません。正しい読みは「マーシュバンクス」です。

極めつけは、やはり家名の「Featherstonehaugh」で、これには幾通りかの読み方がありますが、一番短い読み方は、何と「ファンショー」なのです！

英語ではふつうアクセントが単語の前のほうに来て、それが非常に強く発音されるために、うしろが縮まってしまうのだといいますが、こうなると、「ちょっとたいがいにしてくれ」といいたくなりますね。昔、あるフランス人が、イギリス人は「ウィリアム・シェイクスピア」と書いて「ベン・ジョンソン」と読ませる国民だと揶揄《からか》いましたが、それももっともといえましょう。

レスター、ウスター、レムスター

ここまでひどくはなくても、読み方の難しい言葉はたくさんあります。

たとえば、ロンドンの有名な広場に「Leicester Square」というのがあります。これは「ライセスター・スクエア」ではなく、「レスター・スクエア」です。ご存じウスター・ソースの「ウスター」も、字は「Worcester」と綴ります。

人名と地名にある「Leominster　レムスター」もそのお仲間です。

以前イギリスを車で旅行していたとき、同行者が地元の老人に道をききました。

老人は、「あちらへ行きなさい」といって、道端の標識を指さしました。それには「Leominster」と書いてあります。同行者は「レオミンスターのほうですね」と老人にたずねました。

すると、老人は「そうだ」とうなずいて、

「レムスターともいう」

と小声でつけ加えました。

わたしはたまたまその頃読んでいた小説に「Leominster」という人名が出てきて、発音辞典で調べたので、この字の読み方を知っていました。それで、ちょっと可笑しくなったのです。

このとき、道をきいた人はロンドンに七、八年暮らしていて、たいそう上手なイギリス英語を話す人でした。そんな人でもこの綴りの読み方を知らなかったのですから、ほとんどの外国人が「レオミンスター」と読んだにちがいありません。

きっと、くだんのお年寄りは、外国人が「レオミンスター」というたびに、最初は「レムスターだよ」と訂正していたのでしょう。けれども、あまりに度重なるので、わたしたちと会った頃には、訂正することを諦めてしまったのだと思います。それでも、ささやかな抵抗のしるしに、「レムスターともいう」と一言言い添えたのでしょう。

わたしがネイティヴ・スピーカーの哀しみというべきものに気づきはじめたのは、このときからです。

「イングリッシュ」と「イングリック」

英語は世界の共通語だとよくいうけれども、実際、共通語にすべきなのは「English イングリッシュ」ではなくて「Englic イングリック」だという人たちがいます。

「イングリック」というのは言語学者の鈴木孝夫氏がつとに提唱した造語で、英語をベースとしているけれども、英語そのものではない、一種の人工的共通語のことをいいます。

わたしはこの本の中で「リンガ・フランカ」という言葉を「共通語」という意味で何度か使いましたが、この言葉の本来の意味にさかのぼると、それはレヴァント地方の言葉を簡単にして、使いやすくしたもののことでした。鈴木氏は英語もそのように使えばよいと考えておられるようです。

どんなふうにするかというと、たとえば——

「三単現のｓ」などは要らない。

不規則動詞もやめてしまって、「go」の過去は「went」ではなく、「goed」にする。

慣用句などというものは使わない。

発音もやかましいことはいわせない。たとえば、「エデュケーション（教育）」という単語の発音については——

エデュケイションだろうとエデュカーションだろうと、イーデュケーションだろうと、「それはそのぐらい我慢してくれ。あんた方の言語をわれわれが丸損で学ばなきゃならない理由はない」と主張する。

（鈴木孝夫『英語はいらない!?』ＰＨＰ研究所）

実際に、国際社会では、ロシア人ならロシア語訛りの英語を使いますし、スペイン人ならスペイン語訛りの英語を堂々と話しますから、この種のことは現実に多少行われているわけですが、これだけはっきりと主張できたら痛快ですね。

ですが、もし自分が英語国民の側だったらと想像すると、少し恐ろしい気がしないこともありません。こういう方針のもとにつくられた「リンガ・フランカ」が、次第次第に自分の愛する言葉の世界に侵入してきたら——

とはいえ、現実には英語圏の力が政治的にも文化的にも強大ですから、右のような主張がある一方で、母国語を捨てて子供を英語のネイティヴ・スピーカーにしようとする人々も大勢いるわけです。

国際語・英語の世界は当分この二つのベクトルの間を揺れ動くのではないかとわたしは思いますが、これからは機械翻訳という第三の影響力も加わってきます。一体どうなってゆくことでしょう。

第九章　言葉と言葉の相性について

この英語なるものが、日本人にとってむずかしいことは、日本語の構造を知らない人には、とても想像がつくまい。
（小泉八雲『日本瞥見記（下）』平井呈一訳　恒文社）

悲運の日本人

英語という言葉と日本人との関係において、まことに不幸なことの一つは、日本人が英会話を苦手としているために、外国語すべてに関して臆病になりがちなことです。

英語とは親戚筋の言葉を話すヨーロッパ人だけでなく、たとえば東アジアの諸国民と較べても、英会話が下手だといわれる――このことは、ずいぶん日本人の自信を喪失させていると思います。わたしたちは世界中で自分たちだけが特別な民族だと考えるのが好きですが、それがこの問題になると、悪いほうへ働いて、自分たちは言葉を操る能力に劣っているのだと思い込んでしまう傾向がある。

しかし、本当にそうなのでしょうか？

世界に数ある言葉のうちで、たまたま英語が共通語となった、そんな時代に日本人が生きてゆかねばならないことを、わたしはつくづく不運だと思います。

なぜかというと、人間同士の間に相性があるように、言葉同士の間にも相性があるからです。日本語を母国語とする人間と英語とは、文法はともかくとして、発音に関して申しますと、非常に相性が悪い。これは運が悪いとしかいいようがありません。

もっとも、運が悪いからといって、ボヤいてばかりもいられません。それなりに道を開く知恵をしぼらねばなりませんが、そのためには、偶然のいたずらにすぎないことを無能や怠慢と思い込んで、自分を責めたり、萎縮したりしないことが大切だと思います。そこで、この最後の章では、わたしたちが言語的にいかに非運の民族であるかを、具体的な例を挙げて述べてみましょう。

「th」の発音

「出鼻をくじかれる」という言葉があります。

さあ、一丁やってやろうと何かを始めたとき、いきなり大きな障碍《しょうがい》が立ちはだかって、気勢をそがれてしまう。おかげで、そのあともずっと不調に終わるという経験はみなさんおありでしょう。英語を学ぶ日本人は、まず最初にこのカウンター・パンチを食らうことになりがちです。

というのも、みなさん、中学校で初めて英語を習ったときのことを思い出してください——ABCを教わって、「こんにちは」「さようなら」程度の言葉を習い、次に初めて出てきた例文のことを。

そう、あの「This is a pen.」という例文です。たいていの日本人は、ここでまず引っかかることになります。「This」が発音できないからであります。

「ありゃア一体何なんだろう?」とわたしなども首をひねりました。「ジス」なんだろうか? それとも「ディス」なんだろうか? 先生の発音を聞いても、よくわかりません。それに人によって発音がちがいます。

「これはペンです」——ドイツ語なら、この文章は「Das ist ein Stift.」で、主語は「ダス」ですから、発音するのに何の苦もありません。フランス語なら、「C'est un stylo.」で、主語——正確にいうと主語とbe動詞——はただの「セ」であります。「This」なんていう妙チキリンなものとは違う。

「This」の発音は発音記号で書くと、「ðɪs」であります。「ð」という子音は、舌先を上の前歯の裏にあてて、その隙間から息を出します。こんな子音は日本語にありませんから、もちろん「ジス」でも「ディス」でもありません。中学生に教えるならば、まず日本語にない音だと説明して、それから舌の位置などを丁寧に説明することが必要だと思います。

しかし、わたしたちの時代には、あまりそういう説明を受けませんでしたから、この問題でいつまでも悩み、あたかも喉にささった魚の骨のようになっていたのでした。これは英語教育の初めの躓《つまず》きの石であります。

もっとも、「ð」の発音をしない言語は日本語のほかにもたくさんありますし、アメリカで英語を話す人でも、「ð」を「d」の音で代用する人がいます。ですから、これは日本人だけの特別なハンディキャップとはいえません。

けれども、次に述べる「l」と「r」の区別の問題で深く悩まされる民族は、比較的少数です。

「l」と「r」

わたしたちは小学校で国語の時間に「ローマ字」というものを習いますね。ですから、自分の名前くらいはローマ字で書けるようになりますが、あの日本語のローマ字――訓令式ローマ字といいます――では使われない文字がいくつかあります。

たとえば、Qは使いません。Xも、Jもそうです。

Vも使いませんが、それは日本語に「v」音がないからです。もちろん、今では多くの人が「ヴ」という字を使って、violinを「ヴァイオリン」と書いたりしますが、新聞などではこれを使いません。violinは「バイオリン」であります。

それからもう一つ、訓令式ローマ字で使わないのは「l」であります。日本語の「らりるれろ」は「r」で表わすことになっております。ところが、日本語の「ら行」は英語の「r」音とは全然ちがうので、困ったことが起きるのですが、そのことは今は措《お》くとしましょう。肝腎なのは、「l」と「r」の区別が日本語にないことです。

ほかの言語はどうかというと、たとえば、ドイツ語、フランス語、イタリア語、ロシア語、フィンランド語など、ヨーロッパの言葉にはたいていこの区別があります。それに対して東アジアはどうかというと、朝鮮語にはありませんが、中国語にはあります。もっとも、中国語のlやrは西洋の発音体系とはちがうけれども、この区別があることは、あります。

もちろん、さまざまな言葉の「l」と「r」は、英語のそれとまったく同じ発音ではありません。しかし、区別があるということが肝腎なのです。

たとえば、ドイツ語の「r」は英語の「r」とはちがう音です。あまり英語が達者でないドイツ人は、英語をしゃべっていても、ついつい「r」がドイツ語風の発音になってしまいます。それをイギリス人が聞けば、「ああ、この人はドイツ訛りがずいぶんひどいな」などと思うでしょうが、区別をつけておりますから、通じるには通じますし、逆にドイツ人が英語を聞き取るときも、わりあいと楽にちがいが聞き取れる。

ところが、わたしたちのように両者に区別がない言葉を母国語にしておりますと、この点でひどく難儀をします。だいいち、相手のいったことが聞き取れません。「read　読む」といったのか「lead　導く」といったのかがわからない。ですから、この区別ということを頭に叩き込まなければなりません。そのためには、とくに、「r」音をしっかり練習する必要があります。

ですが、そういう努力をして両者を使い分けられるようになったつもりでも、ともすると「l」と「r」を取り違えることがあるものです。笑い話ですが、レストランへ行って、「ライス（rice）をください」というつもりで、「虱《しらみ》（lice）をください」というようなことになる。これは、まことに日本人の不幸な点でありますが、不幸はこれだけではありません。

単語が子音で終わらない

授業で英語が得意でない学生に英語を発音させると、単語の終わりによけいな母音をつけてしまうことが往々にしてあります。

文章にして説明するのは隔靴掻痒《かっかそうよう》ですが、たとえば「distant」という言葉の最後の「t」を日本語の「ト　to」のように発音する。「at」もそうです。「アットマーク」と日本語でいうときのように、「t」のあとに「o」という母音をつけて、景気よく発音してしまう。「cup」の「p」が「あっぷっぷ！」の「ぷ　pu」のようになる。英語国民にとっては、これは非常に聞き苦しいし、場合によっては意味が通じないこともあります。

どうしてこういうことが起こるかといいますと、日本語は基本的にすべての単語が母音で終わる言葉だからです。今、「基本的に」といったわけは、実際には子音で終わることも多少あるからです。たとえば、標準語の「です、ます」の「す」は――近頃の若い人には「su」と発音する人が多いけれども――わたしなどの世代では「u」音が消えてしまって、「des」「mas」のようになる場合が多い。それでも、話し手の意識としては、母音の「u」をつけているつもりでいます。

日本語のこの特徴は、英語のように子音で終わる単語が多い言葉をしゃべる上では、一つの障碍となります。ドイツ語やフランス語をしゃべる人々にはこの障碍はありませんし、東アジア、東南アジアの多くの国の人々も同様です。

たとえば朝鮮語は、文法こそ日本語に似ているけれども、子音で終わる単語が多い点では全然異なっています。

ご存じのハングルは一種の表音文字であります。あれをじっくりごらんになれば、一つの字が二つか三つ、場合によっては四つの要素からできていることにお気づきになるでし

ょう。たとえば「아」は「ㅇ」と「ㅏ」の二つからできています。「각」は「ㄱ」と「ㅏ」と「ㄱ」の三つからできています。この文字には、母音と子音をあらわす要素がそれぞれあって、それを組み合わせて字をつくるのです。要素が二つの場合は「子音＋母音」からなり、三つの場合は「子音＋母音＋子音（パッチム）」という順番で組み合わせます。これは子音で終わる単語が多い言葉を書き表わすのに、非常に便利なやり方です。

それなら、中国語はどうでしょう？

北方の発音を基本とした普通話《プートンホア》（標準語）に関していうと、「耳 ěr」のように子音で終わる単語は少数ですが、広東語には、p, t, k の音節末音というものがあります。たとえば、「十」「鐵」「學」という字の発音を、広東語で用いる発音記号で表わすと、それぞれ「sap6」「tit3」「hok6」となります。おしまいについている数字は声調を示すものです。それを取り除くと、p, t, k の字で終わっていますね。

こうした言葉は、音節の終わりでp, t, kという子音を発音するときと同じ口の構えをします。そのまま息を出せばp, t, kの子音になりますが、この場合にはそこで息を止めてしまいますから、p, t, kの音は聞こえません。片仮名で書き表わすと、「サッ」

「ティッ」「ホッ」というふうに聞こえます。

広東語に限らず、客家語《はっかご》、閩南語《びんなんご》など中国南方の方言にはこうした発音があり、この点はタイ語やカンボジア語も同様です。こういう言葉をふだん話している人たちには、語尾を子音で終えることは造作もありません。いや、正確には、「語尾に母音をつけない」ことが簡単だといったほうがよいのかもしれません。日本人の場合とは逆に、この人たちの話す英語には、往々にして語尾の子音が聞こえなくてわかりにくくなる傾向がありますから。

母音の問題

さて、これまでは子音の話をしてきましたが、子音以上にわたしたちを悩ますのは、英語の母音です。

ご存じのように、日本語の母音は「あいうえお」。

それに対して、英語はどうかというと――イギリス英語とアメリカ英語では母音が少しちがいますが、話をわかりやすくするために、今はイギリス英語についていいます――二重母音と三重母音はべつとして、単母音だけとってもたくさんあります。強母音（強く発音される母音）の場合は、短母音が六つに長母音が五つ。弱母音（弱く発音される母音）は四つもあるのです。

そのために、わたしたちはたとえば、「ア」という音に苦労させられます。わたしたちが英語の発音に慣れないうち、区別できずに「あいうえお」の「ア」で済ましてしまいがちな母音（今は強母音だけを取り上げます）は、四つあります。

今、同じdで始まる単語を例にとってみますと、

1　「dart　ダート」の母音（発音記号はaː）
2　「dam　ダム」の母音（発音記号はæ）
3　「dusk　ダスク」の母音（発音記号はʌ）
4　「dirty　ダーティー」の母音（発音記号はəː）

1の（aː）は日本語の「ア」よりももっと口を大きく開けて、「アー」という。

2の〔æ〕は「エ」というときの口の形で「ア」という。

3の〔ʌ〕は日本語の「ア」と思ってよろしい。

4の〔ɑː〕は口をあまり開けないで「アー」といえば、これになります。


これらが全部、イギリス人にはべつな音として聞き分けられるのです。


アがそうなら、イはどうでしょう?

こちらも二種類のイがあります。短い「イ」と長い「イー」です。

長い「イー」は日本語の「イー」だと思ってかまいません。

問題は短いほうの「イ」です。これは日本語の「イ」と「エ」の間のような音ですから、「sit」「fit」「bit」のような言葉の発音を、よく注意して聞いたり話したりする練習をしなければいけません。

まったく、頭が痛くなってきますね。ペリーの黒船来航に始まって、第二次大戦後の進駐軍の統治、そして現在に至るまで、日本ともっとも深い関係のある外国の言葉が、これほどわたしたちにとって厄介なものだとは。

母音について考えてみますと、こうした発音の難しさとはべつに、綴りの問題があります。

英語とローマ字

わたしたちは先に述べた小学校のローマ字で、アルファベットの「A」「I」「U」「E」「O」はそれぞれ「あ」「い」「う」「え」「お」を表わすと教わります。ところが、英語を習うと、こうした字の表わす発音が全然異なることが多い。Aは「ア」のときもあるけれども、「エイ」と読ませることが多いし、Iは「イ」でなく「アイ」と読ませることが多い。Eはしばしば「イー」となります。Oは二重母音の「オウ」のことが多い。

ならば、日本式ローマ字が悪いのかというと、そんなことはありません。ローマ字はローマ人がつくったから、ローマ字というのであります。そのローマ人は「A」「I」「U」「E」「O」を「あ」「い」「う」「え」「お」と読んでいました。つまり、英国人がローマ字をローマ字らしく読まないのであります。じつは、この点で、英語はヨーロッパの諸言語の中でも特別な存在です。

そのことは人の名前を例にとってみると、よくおわかりになるでしょう。

たとえば、「Sarah　サラ」という女性の名前。これはなにしろ、『旧約聖書』の「創世記」に出てくる預言者アブラハムの奥さんの名前ですから、キリスト教を奉じてきたヨーロッパ各国で、女の子にこの名前をつけています。

フランス語で「Sarah」の発音はサラです。昔、サラ・ベルナールという大女優がおりました。同じロマンス語のスペイン語、イタリア語もサラはやはり「サラ」です。

ドイツ語ではサが濁って、「ザラ」「ザーラ」となります。ザラ・ヘッケンというフィギュア・スケートの選手をご存じの方もおいででしょう。

ところが、英語ではこの名前がガラリと変わってしまいます。「a」が二重母音となって、「セアラ」とか「セイラ」と発音する。「小公女」の主人公セーラは、じつはフランス語ならサラなのでした。

古代ギリシアやローマの人名も、変形がはなはだしい。

たとえば、哲人プラトンは「プレイトウ」となるし、ローマの有名な将軍カトーは「ケイトウ」となる。哲学者のディオゲネスは「ダイオジェニーズ」、お酒の神様ディオニュソスは「ダイオナイナス」といった具合で、ご本人が聞いたら、「一体どこのどいつだろう?」と思うでしょう。

「大母音推移」

もうおわかりかと思いますが、このように英語の発音がローマ字の読み方からひどく遠ざかってしまったのは、子音の問題も多少あるけれども、何といっても大きな理由は、もともと単母音だったものを英語では二重母音にしてしまうことです。

こうした特殊性は、「大母音推移 The Great Vowel Shift」という現象によって生じました。これは西暦一四〇〇年頃からおよそ三〇〇年にわたって、英語の中でアクセントを持つ長母音に起こったはなはだしい変化です。英語の歴史的な時代区分でいいますと、中英語の後期から近代英語の初期にかけて起こったことです。

これによって、もとは「aː」と発音していた長母音が、「æː」そして「ɛː」を経て、現代英語の「ei」になりました。「iː」と発音されていた母音は、「ei」「ʌi」を経て、「ai」に、

「eː」という母音は「iː」になる等々といった具合です。

「大母音推移」がなぜ起こったのか、どのようにして起こったのかについては、いまだに定説がないようですが、ともかく、この不思議な出来ごとによって、英語はヨーロッパの諸言語の中でも特殊な存在となり、綴り字と発音とがそぐわなくなってしまったのです。

「あいうえお」で通じる外国語

外国語の発音には、それぞれ何かしら日本語にない特徴があり、勉強するのにまったく苦労をしない言葉というのはたぶんありませんが、こと母音に限っていうと、日本人にとってまことに優しい言葉があります。

スペイン語やイタリア語、そして、これらの言葉の大本であるラテン語です。こうした言葉で使われる母音は、厳密にいえば少しちがうけれども、おおむね日本語の「あいうえお」と同じで、実用上は「あいうえお」で通じます。ラテン語の場合には、母音が長いか短いかということをやかましくいいますが、日本人にとってはそう難しい問題ではないでしょう（もっとも、この言葉は死語ですが、母音の長短をちゃんと覚えないと文章が読めません）。

ですから、こうした言葉を勉強すれば、日本人は比較的きれいな発音だといわれるはずです。

一方、イギリス人やアメリカ人がイタリア語やスペイン語を学びますと、もちろん、十分に勉強すれば話はべつですが、初めのうちは英語の癖が出てしまって、まことに聞きづらいことになります。それは例の「大母音推移」の結果で、英語国民は長母音というと、ついつい二重母音化してしまう。「アー」といえばいいところを「アイ」といってしまい、「オー」といえばいいところを「オウ」といってしまうのです。どうしてこんな簡単な発音ができないのか、と日本人なら不思議に感じるでしょう。

これがすなわち、言葉の「相性」というものであります。

エピローグ

数年前、ヤマザキ・マリ氏の『テルマエ・ロマエ』という漫画が評判を呼び、二度にわたって映画化もされたことはご記憶に新しいかと思います。

これはルシウスという古代ローマ帝国の浴場設計技師が、現代日本にタイム・スリップして、日本の温泉文化をローマに伝えて好評を博す――皇帝の寵愛《ちょうあい》まで得るという、温泉好きの人間にはじつに愉快な作品でした。わたしはこの漫画のように、古代ローマと日本がひょっとつながって行き来ができたら、どうだろうなと時々想像します。

たとえば、ローマに世界各地の人々があつまり、何かの会議が開かれたとしましょう。

会議が終わり、世話役のローマ人たちが連れ立って浴場に来たら、こんな会話が始まるかもしれません――

ルキウス「やれやれ、やっと終わった。いつものことだが、いろんな国の連中をまとめるのは骨が折れるね」
ガイウス「まったくだ。みんな一癖あるからなあ」
クイントゥス「だいいち、言葉が通じないやつもいる」
ルキウス「そういやア、あのサクソン人の兄ちゃんにはまいったね。ペラペラとよくしゃべるが、何をいってるのか、僕には一言も聞き取れなかったよ」
ガイウス「ケルト人のラテン語も聞き取りにくいぜ。ウをやたらにユというんだ」
クイントゥス「そこへいくと、あのカトーっていうニッポン人はラテン語が上手だったな」
ガイウス「そうだな。おれはカトーというから、てっきりローマ人かと思った」
ルキウス「ニッポン人は時間に遅れないし、ラテン語が上手だから、ありがたいね」
ガイウス「同感だ」

SF小説風にいうと、こんな会話が成り立つ世界も、多次元宇宙のどこかにきっとあることでしょう。ただ、わたしたちのいる世界がたまたまそうでないというだけのことです。現実には、わたしたちは相性の悪い言語を相手に四苦八苦しているわけですが、もうあまりそのことを悲観する必要はないような気がしてきました。

近頃、何でもかでも人工知能に頼るようになったのは、あまり健全なこととは思われませんが、やはり文明の利器が便利なことはあらそえません。

言葉の分野においても然りで、聞くところによれば、最近、日本人特有の癖がある英語の発音を、自然な英語の発音に直すシステムが開発されているそうではありませんか。こういう技術がどんどん発達すると、わたしたちの苦労はグッと減るでしょう。いや、翻訳ソフトが今よりも賢くなれば、ビジネス会話などは機械に翻訳させるのがあたりまえになるかもしれません。

そうなると、時のリンガ・フランカに馴染めない国民がワリをくうこともなくなる理屈でありますす。力を持った民族の言語が世界をのし歩くことがなくなる時代——これはなかなか悪くありませんね。

そうした時代がきて、今までのようにうるさく英語、英語といわれなくなったら、わたしたちはこの言葉の魅力に初めて目醒めるのではないかと思います。

この本にも述べたように、英語は世界中の言葉を取り込んだ、多彩な語彙を持つ言葉です。いわゆる屈折語ではあるけれども、活用や語形変化が少なく、韻を踏むのに適していて、詩をつくるのに向いた言葉でもあります。

利害を離れてつきあうのが本当の友だちづきあいだとしますと、英語は友だちにすると面白い言語かもしれません。

参考文献一覧

・ジュール・ヴェルヌ『海底二万里』荒川浩充訳　創元SF文庫
・ラファエル・ケーベル『ケーベル博士随筆集』久保勉訳編　岩波文庫
・ウォルター・スコット『アイヴァンホー』上・下　菊池武一訳　岩波文庫
・小泉八雲『日本瞥見記（下）』　平井呈一訳　恒文社（第二版）
・小林標『ラテン語の世界』中公新書
・鈴木孝夫『あなたは英語で戦えますか』冨山房インターナショナル
・鈴木孝夫『英語はいらない!?』PHP新書
・寺澤盾『英語の歴史』中公新書
・日本聖書協会『舊新約聖書』
・オマル・ハイヤーム『ルバイヤート』小川亮作訳　岩波文庫
・橋本進吉『古代国語の音韻に就いて　他二篇』岩波文庫
・オスカー・ワイルド『カンタヴィルの幽霊／スフィンクス』南條竹則訳　光文社古典新訳文庫

・チャールズ・ラム『完訳・エリア随筆Ⅱ』南條竹則訳　国書刊行会
・ジェイムズ・ボズウェル『サミュエル・ジョンスン伝』神吉三郎訳　岩波文庫
・James Boswell, *Life of Johnson* edited by R. W. Chapman Oxford University Press 2008
・Ernest A. Vizetelly, *With Zola in England* Chatto & Windus 1899

執筆にあたり、赤井敏夫、坂本あおい、明円一郎、甕由起夫といった方々のご教示を受けました。ここに深く感謝の意を表します。

図版制作　タナカデザイン

南條竹則《なんじょうたけのり》
作家、翻訳家。東京外国語大学講師。一九五八年、東京都生まれ。東京大学文学部西洋古典学科卒業、同大学院英語英文学修士課程修了。『酒仙』（新潮社）で第5回日本ファンタジーノベル大賞優秀賞受賞。他の著書に『吾輩は猫画家である　ルイス・ウェイン伝』、『人生はうしろ向きに』（以上、集英社新書）など。訳書に『タブスおばあさんと三匹のおはなし』（集英社）など多数。

インターナショナル新書〇二六

英語《えいご》とは何《なに》か

二〇一八年六月一二日　第一刷発行

著　者　南條竹則《なんじょうたけのり》
発行者　椛島良介
発行所　株式会社 集英社インターナショナル
〒一〇一-〇〇六四 東京都千代田区神田猿楽町一-五-一八
電話 〇三-五二一一-二六三〇
発売所　株式会社 集英社
〒一〇一-八〇五〇 東京都千代田区一ツ橋二-五-一〇
電話 〇三-三二三〇-六〇八〇（読者係）
〇三-三二三〇-六三九三（販売部）書店専用
装　幀　アルビレオ
印刷所　大日本印刷株式会社
製本所　大日本印刷株式会社

ISBN978-4-7976-8026-3　C0282
定価はカバーに表示してあります。

インターナショナル新書

001

知の仕事術

池澤夏樹

多忙な作家が仕事のノウハウを初公開。自分の中に知的な見取り図を作るために必要な情報、知識、思想をいかに獲得し、日々更新していくか。反知性主義に対抗し、現代を知力で生きていくスキルを伝える。

002

進化論の最前線

池田清彦

ダーウィンの進化論に異を唱えたファーブル。ネオダーウィニストたちはいまだファーブルの批判を論破できていない。現代進化論の問題点を明らかにし、iPS細胞やゲノム編集など最先端の研究を解説する。

003

大人のお作法

岩下尚史

芸者遊び、歌舞伎観劇、男の身だしなみ——大事なのは身銭を切ること。知識の披露はみっともない。『芸者論』(和辻哲郎文化賞)の作家が、「子ども顔」の男たちにまっとうな大人になる作法を伝授する。

004

生命科学の静かなる革命

福岡伸一

二五人のノーベル賞受賞者を輩出したロックフェラー大学。客員教授である著者が受賞者らと対談、生命科学の道のりを辿り、本質に迫った。『生物と無生物のあいだ』執筆後の新発見についても綴る。

インターナショナル新書

005
映画と本の意外な関係！
町山智浩

映画のシーンに登場する本や言葉は、作品を読み解くうえで重要な鍵を握っている。作中の本や台詞などを元ネタの文学や詩まで深く分け入って解説し、アメリカ社会の深層をもあぶり出す、全く新しい映画評論。

006
怪魚を釣る
小塚拓矢

コンゴのムベンガや北海道のイトウなど、世界四〇カ国以上で五〇種以上の怪魚を釣り上げてきた著者がこれまで蓄積したノウハウを披露。怪魚を釣り、食し、研究する楽しみを綴る。

007
ロシア革命史入門
広瀬 隆

世界初の社会主義国を樹立したロシア革命の本質は「反戦運動」だった！ レーニン、トロツキー、スターリンたちの人間模様を描きながら新しい視点で20世紀最大の社会実験の実像をとらえ直す。

008
女の機嫌の直し方
黒川伊保子

なぜ女たちは思いもかけないところで不機嫌になるのか？ 男にとって理不尽ともいえる女の不機嫌。その謎をAI研究者が解き明かす。男女の脳の違いがわかれば、生きることが楽になる！ 福音の書。

インターナショナル新書

009
役に立たない読書
林 望

読書は好奇心の赴くままにすべし！ 読書に実用的な価値ばかりを求める傾向に異を唱える著者が、古典の楽しみ方、古書店とのつきあい方、書棚のつくり方などを披露。書物に触れる歓びに満ちた読書論。

010
国民のしつけ方
斎藤貴男

政権による圧力と、マスメディアの過剰な自主規制により歪められる真実。知る権利を守るためにできることは何か。日本のジャーナリズムの現状に危機感を抱く著者が国民をしつける構造を読み解く。

011
流れをつかむ技術
桜井章一

川や風に流れがあるように、勝負事にも流れがある。麻雀の裏プロの世界で二〇年間無敗の伝説を持つ桜井章一が、勝負の場で身につけた「流れのつかみ方」を伝授。運をあやつる術を身につける！

012
英語の品格
ロッシェル・カップ
大野和基

「please」や「why」は、使い方を間違うとトラブルの元になる⁉ 日英両言語とその文化に精通した著者がビジネスや日常生活ですぐに役立つ品格のある英語を伝授する。

インターナショナル新書

013
都市と野生の思考
鷲田清一　山極寿一

哲学者とゴリラ学者の知的破天荒対談！　京都市立芸大学長、京大総長でもあるふたりがリーダーシップ、老い、家族、衣食住の起源と進化など多岐にわたるテーマを熱く論じる。

014
アベノミクスによろしく
明石順平

アベノミクスの実質GDPの伸びは、民主党時代の3分の1！　しかも、2014年度の国内実質消費は戦後最大の下落を記録。その欺瞞と失敗を、政府や国際機関による公式データを駆使して徹底検証する。

015
戦争と農業
藤原辰史

トラクターが戦車に、化学肥料は火薬に——農業における発明は、戦争を変え、飽食と飢餓が共存する不条理な世界を生んだ。この状況を変えるために、わたしたちにできることとは。

016
深読み日本文学
島田雅彦

「色好みの伝統」「サブカルのルーツは江戸文化」「一葉の作品はフリーター小説」など、古典から近代文学、戦後作品、さらにAI小説までを作家ならではの切り口で解説。

インターナショナル新書

017
天文の世界史
廣瀬 匠

西欧だけでなく、インド、中国、マヤなどの天文学にも迫った画期的な天文学通史。神話から最新の宇宙物理までを、壮大なスケールで描き出す！　暦や陰陽師から彗星、超新星残骸まで、知られざる逸話も満載。

018
サラリーマンの力
亀渕昭信

伝説のＤＪにして、ニッポン放送元社長という、会社員人生を極めた著者による新しいサラリーマン論。企画力や営業力の重要性、社内政治の対処法など、会社と共に生き、チャンスをつかむ方法を伝授する。

019
ファシズムの正体
佐藤 優

ファシズムの足音に抗するためには「ファシズムの論理」を正確に理解する必要がある。ムッソリーニのファシズム、ヒトラーのナチズム、戦前日本の軍国主義の違いとは？　ファシズムの本質に迫る。

020
カストロとゲバラ
広瀬 隆

青年弁護士だったカストロが、盟友の医師チェ・ゲバラらと成就させたキューバ革命。アメリカに屈せずに教育・医療費が無料の国家を維持できたのはなぜか？　キューバ史を壮大なスケールで描く。

インターナショナル新書

021
「最前線の映画」を読む
町山智浩

『ラ・ラ・ランド』はラブ・ロマンスにあらず。『コクソン／哭声』が異色の宗教映画と言われるわけは？　スコセッシが遠藤周作の『沈黙』の映画化にこだわった理由とは？　映画の「秘密」を解き明かす！

022
ＡＩに心は宿るのか
松原　仁

独創的な物語を紡ぎ、プロ棋士を凌駕する知能すら獲得したＡＩが、「心」を宿す日は来るのか？　汎用人工知能の研究を続けてきた著者がＡＩ社会の未来を予見する。羽生善治永世七冠との対談を収録！

023
新・冒険論
角幡唯介

チベットで人類未踏の峡谷踏破、北極圏の闇世界を歩く80日間の極夜行など、真に冒険の名に値する挑戦をしてきた著者。壮絶な経験から冒険の本質に迫り、スポーツ化した現代の「疑似冒険」を喝破する！

025
お釈迦さま以外はみんなバカ
高橋源一郎

キラキラネーム考／世界一素敵な書店は？／大阪おばちゃん語の憲法……。稀代の読書家だからこそ見つけられた思わず唸る表現や、クスッと笑えることばの数々。その秘められた意味まで深掘りしていく。

インターナショナル新書

024

マーク・ピーターセン
英語のこころ

なぜ漱石の『こころ』はheartと訳せないのか？　多様性を表すdiversityとvarietyの微妙な違いとは？「ピリピリ」「ぱたぱた」などの擬態語・擬音語は英語でどう表すのか？

小説の一節、ニュース記事、映画のセリフ、スタンダード曲の英詞などを題材に、英語表現に秘められた繊細さと美しさを楽しく読み解く。

日本語と英語、そしてその背景にある文化に通暁した著者だからこそ伝えられる、本物の英語的発想。